御朱印帳とめぐる北海道の神社70

梅村敦子

北海道新聞社

はじめに

温泉が目的の旅があります。道の駅やグルメを楽しむ旅もあります。では、神社を訪ねる旅はどうでしょう。その土地、その町に長く息づき、開拓の歴史や建築物、境内の自然にも触れられる神社めぐりは、すがすがしさを伴う日本人ならではの旅になります。そして、神社を訪れた証しに御朱印をいただけば、旅の思い出が一つ加わり、御朱印に込められた神社の由緒や思いを知ることもできるのです。

文化庁の平成28年度宗教統計調査によると、平成27年末現在で、北海道には920社の神社の届け出があるそうです。祠《ほこら》や鳥居だけが残された神社を加えると、その数は数千社ともいわれ、その様子から地方の過疎化の現状も見て取れます。この本で取り上げた70社はいずれも神職が常駐し、お守りや御朱印をいただくことができる神社です。初詣やお祭りでしか神社に行かない人も、この本を片手に道内の神社を訪ねてみませんか。本書では、筆者が参拝した時の印象を交えながら、神社の歴史や境内の雰囲気、御朱印の意味などを、分かりやすく紹介しています。

なお、御祭神は同一の神様でも神社によって書き方や読み方が違う場合もあります。本書では各神社の表記に従って掲載し、読み方も載せました。例祭日は、神社で行われる最も大きなお祭りの日です。神社によっては春と秋に例祭を行うところもありますが、御祭神に関係のある日や神社が創祀された日に行うお祭りを例大祭と呼び、本書でもこの日を掲載しています。また、地図は神社のおおよその位置を示したものです。入り口の鳥居と社務所が離れていることもありますので、お出かけの際はご注意ください。

神社の参拝の仕方

神社のお参りの仕方が分からない人のために一般的な作法をまとめました。御朱印やお守りをいただく際は先にお参りを済ませるのがマナーです。

鳥居から入りましょう。

一礼してからくぐり、神様の通り道である中央は避けて歩きます。境内から出る際も鳥居の前で振り返り、社殿に向かって一礼しましょう。

手水舎に寄りましょう。

手水は心身を清める大切な作法。凍結などの理由で、手水を止めている神社もありますが、その際はハンカチで手を拭くなどの心配りを忘れずに。

❶右手でひしゃくを持ち、水をくむ。最後まで1杯の水で行うこと。

❷左手に水をかけて洗い、そのまま左手に持ち替えて、右手を洗う。

❸再び右手に持ち替えて、左の手のひらに水をため、口をすすぐ。

❹左の手のひらに水をかけて洗い、ひしゃくを立てて、残った水で柄の部分を洗い流す。

お参りをしましょう。

お参りの基本は二拝二拍手一拝。2・2・1と覚えましょう。

❶拝殿の前に立ち、さい銭箱にさい銭を入れ、鈴があれば、鳴らす。

❷腰を90度に曲げて、2回、お辞儀をする。(二拝)

❸胸の高さで両手を合わせ、2回、両手を打つ。(二拍手)

❹最後に腰を90度に曲げて、お辞儀をする。(一拝)

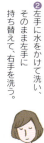

御朱印帳とめぐる 北海道の神社70 目次

はじめに……2

神社の参拝の仕方……3

御朱印と御朱印帳……6

札幌の神社 23社

北海道神宮（中央区）……10

北海道神宮頓宮（中央区）……13

三吉神社（中央区）……14

彌彦神社（中央区）……16

水天宮（中央区）……17

札幌護国神社（中央区）……18

伏見稲荷神社（中央区）……20

豊平神社（豊平区）……22

相馬神社（豊平区）……24

太平山三吉神社・平岸天満宮（豊平区）……25

月寒神社（豊平区）……26

西岡八幡宮（豊平区）……27

石山神社（南区）……28

新琴似神社（北区）……30

新川皇大神社（北区）……32

札幌諏訪神社（東区）……33

手稲神社（手稲区）……34

琴似神社（西区）……36

西野神社（西区）……38

発寒神社（西区）……40

信濃神社（厚別区）……41

大谷地神社（厚別区）……42

厚別神社（清田区）……43

コラム 御祭神と御利益……44

道央の神社 15社

住吉神社（小樽市）……46

龍宮神社（小樽市）……48

余市神社（余市町）……49

石狩八幡神社（石狩市）……50

千歳神社（千歳市）……51

岩見澤神社（岩見沢市）……52

長沼神社（長沼町）……54

夕張神社（夕張市）……55

倶知安神社（倶知安町）……56

岩内神社（岩内町）……57

樽前山神社（苫小牧市）……58

室蘭八幡宮（室蘭市）……60

伊達神社（伊達市）……62
刈田神社（登別市）……63
義經神社（平取町）……64
コラム 北海道の狛犬ギャラリー……66

道南の神社 11社

函館八幡宮（函館市）……68
湯倉神社（函館市）……70
函館護國神社（函館市）……72
山上大神宮（函館市）……73
船魂神社（函館市）……74
大森稲荷神社（函館市）……75
福島大神宮（福島町）……76
松前神社（松前町）……78
上ノ國八幡宮（上ノ国町）……80
姥神大神宮（江差町）……82
飯生神社（長万部町）……83
コラム 訪ねてみたい！秘境の神社……84

道東・オホーツクの神社 11社

帯廣神社（帯広市）……86
音更神社（音更町）……88
新得神社（新得町）……90
浦幌神社（浦幌町）……91
網走神社（網走市）……92
北見神社（北見市）……94
厳島神社（紋別市）……96
美幌神社（美幌町）……97
厳島神社（釧路市）……98
鳥取神社（釧路市）……100
金刀比羅神社（根室市）……102
コラム 根室 初日の出詣……104

道北の神社 10社

上川神社（旭川市）……106
北海道護國神社（旭川市）……108
旭川神社（旭川市）……110
美瑛神社（美瑛町）……112
富良野神社（富良野市）……114
比布神社（比布町）……115
士別神社（士別市）……116
北門神社（稚内市）……118
増毛厳島神社（増毛町）……120
留萌神社（留萌市）……122
神社用語の基礎知識……123
おわりに……126

※地図中の⛩は神社、★は寄り道スポットをあらわしています

御朱印と御朱印帳

神社や寺院を参拝した際、社務所などでいただける御朱印。その起源は諸説あるが、寺院に写経を納めた際の納経印（受付の印）という説が有力である。神社で御朱印を授与するようになったのは明治以降のこと。最近は御朱印集めを目的に神社仏閣を訪ねる人も増えているが、御朱印はあくまでも参拝の証し。時には御朱印を見返して、参拝した日のことを思い出してみよう。

■御朱印をいただくときは…

①参拝を済ませてから、社務所や授与所で、御朱印をお願いする。神職不在の際は書き置きのものに日付を入れてくれる神社もある。

②御朱印帳は書いてもらうページを開いて渡す。メモ帳やノートは不可。境内社の御朱印を授与している神社もあるので、どの御朱印をいただきたいのかを告げること。

③御朱印料は300円程度に設定している神社が多いが、「お気持ちで」と言われる場合もある。あらかじめ、小銭を用意しておくこと。

■御朱印の見方

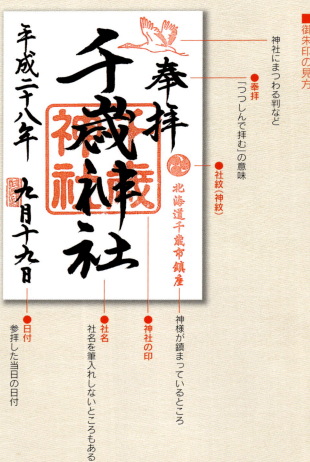

■神社オリジナルの御朱印帳と御朱印帳袋

御朱印をいただくために必要な御朱印帳。道内ではそれほど多くないとはいえ、オリジナルの御朱印帳を用意する神社も増えてきた。大切な御朱印帳を入れる袋をセットで授与する神社もある。筆者が神社の旅で出合ったオリジナルの御朱印帳を紹介しよう。

北海道神宮(札幌市中央区)
神明造の社殿の刺しゅうを施し、裏表紙には御朱印と同じ「北海道神宮」の印が刺しゅうされている。もう1種類、雪の結晶をちりばめた御朱印帳と御朱印帳袋もある。

札幌護国神社(札幌市中央区)
木製カバーの表面は札幌護国神社の社殿の写真、裏表紙は境内社の多賀神社の御祭神がイラストで描かれている。

新琴似神社(札幌市北区)
光り輝く白地にうっすらと金色の帯をまわし、花びしの周りを文様で飾った社紋を刺しゅうした上品なデザイン。

龍宮神社(小樽市)
龍神がくわえているのは、榎本武揚が鉄隕石(いんせき)から作った「流星刀」。100冊限定ですでに完売しているが、この御朱印帳にのみ、「武揚建立」の筆入れがある。

千歳神社(千歳市)
木製カバーの厚みのある御朱印帳。表紙は鶴の絵、裏表紙は千歳神社の巴(ともえ)紋が入っている。

樽前山神社(苫小牧市)
一般的なサイズより、ひと回り大きな紙製カバーで、えんじ色に華やかな社殿と桜や社紋がちりばめられている。

船魂神社(函館市)
港町の神社らしく、白地に水色で波の模様を刺しゅうし、船のかじに巴紋を配している。裏表紙は「巴港　船魂神社」の金色の刺しゅう入り。

姥神大神宮(江差町)
紺地のカバーに社殿や狛犬の刺しゅうを施し、裏表紙には御朱印にも押される独特の印が刺しゅうされている。社紋入りの御朱印帳袋も授与している。

北見神社(北見市)
シックな色合いで、えんじ色の刺しゅうが施された社殿と菊の社紋が印象的。裏表紙は御朱印と同じ印が刺しゅうされている。

厳島神社(釧路市)
境内に現れたエゾシカと社殿を刺しゅうし、裏表紙には釧路の名所、幣舞橋の夕景と欄干に立つ四季の像のうち、夏の像(佐藤忠良作)をデザインしている。

鳥取神社(釧路市)
淡いピンク色のカバーで、見開きの御朱印でもいただける御祭神の大国さまの日本画が描かれている。

北海道護國神社(旭川市)
紺地のカバーに華やかな社殿と桜をちりばめ、裏表紙には境内の樺太・北海道池が刺しゅうされている。

旭川神社(旭川市)
裏表紙に「上川百万石の礎」とあるように、米どころとしての歴史を伝えるため、黄金色に輝く稲穂と社殿を刺しゅうしている。

美瑛神社(美瑛町)
パッチワークのような畑の中に立つ鳥居と雪を抱いた山並み、雲が浮かぶ青空をカラフルにデザインし、美瑛のまちのイメージを伝えている。

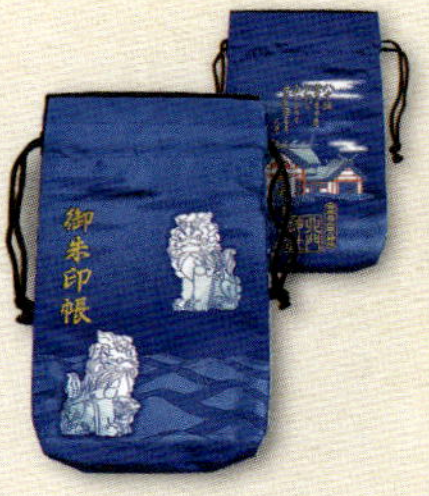

北門神社(稚内市)
光沢のある藍色の御朱印帳袋。表側には一対の狛犬、裏側には社殿と神輿(みこし)殿、境内の石碑に記された短歌が刺しゅうされている。

北海道神道青年協議会
北海道と日本最北の桜・千島桜を織り込んだ御朱印帳とおそろいの御朱印帳袋を作製し、道内の複数の神社で授与している。

札幌の神社 23社

新琴似神社
新川皇大神社
札幌諏訪神社
手稲神社
琴似神社
西野神社
発寒神社
北区
手稲区
東区
信濃神社
大谷地神社
西区
白石区
中央区
厚別区
豊平区
石山神社
南区
清田区
厚別神社
豊平神社
相馬神社
太平山三吉神社・平岸天満宮
月寒神社
西岡八幡宮
北海道神宮
北海道神宮頓宮
三吉神社
彌彦神社
水天宮
札幌護国神社
伏見稲荷神社

北海道神宮

Hokkaido Jingu

開拓の歴史とともに歩む北海道総鎮守

北海道の総鎮守として、円山の北山麓およそ19万平方㍍の境内を有する北海道神宮。参拝者にとって、境内へは北1条通の表参道に立つ第二鳥居をはじめ、裏参道の南1条駐車場にある第三鳥居、地下鉄東西線円山公園駅から円山公園内を歩き、木立の中に現れる通称円山公園口鳥居を通るルートがある。また、北1条駐車場から鳥居をくぐらず、社殿を目指す人も多いだろう。

多くの参拝者が訪れる社殿

ちなみに、境内からやや離れた北1条通の西25丁目には高さ19㍍にも及ぶ第一鳥居があり、明治28年（1895年）の初代から数えて3代目に当たる。札幌市公文書館には昭和13年（1938年）に撮影された北1条西4丁目時代の札幌市役所の前に立つ鳥居の写真が残されているが、かつてはこれが第一鳥居だったのだろう。現在、その場所には第一鳥居までの距離を示す「従是（これより）西二十八町」と刻まれた北海道神宮の石碑が立っている。

手水舎はいずれの方角から入っても、参拝前に立ち寄ることができる位置にある。そして、神門を通る前にはしばし足を止め、左手にそびえ立つ佐賀県出身の開拓判官島義勇《よしたけ》の銅像を見ておきたい。蝦夷《えぞ》地開拓のために設置された開拓使（役所）において、開拓判官は開拓業務を一手に担う役職で、島判官こそが鎮座地を円山に決めた人物として知られている。なお、札幌市役所1階ロビーにも業績を顕彰する銅像が建てられている。

神社の創建は、蝦夷地が「北海道」に改称された明治2年（1869年）。明治天皇の詔《みことのり》により、北海道に開拓・発展の守護神となる神社を建てることが決定され、同年9月1日、東京の神祇官《じんぎかん》（神社

北1条通の入り口、第二鳥居

に関わる行政機関）にて、大國魂神、大那牟遅神、少彦名神の開拓三神を御祭神とする北海道鎮座神祭が行われた。この日を創祀とする北海道神宮では、毎年9月1日に御鎮斎記念祭を行っている。

そして、東京から函館、札幌へと、島判官が命がけで御祭神を運び、その2年後の明治4年（1871年）5月には「札幌神社」の社名が決まり、円山に仮の社殿が建立される。長く札幌神社として歩みを進め、昭和39年には関係者の悲願だった明治天皇を御祭神に迎えたことで、社名が「北海道神宮」に改められた。

神門前で一礼し、顔を上げると、社殿は北海道総鎮守にふさわしい荘厳な趣を漂わせ、ピンと張り巡らされた幔幕《まんまく》に菊の神紋がくっきりと映える。初詣や6月15日の札幌まつりは言うまでもなく、1月14日のどんど焼きや茅《ち》の輪くぐりでにぎわう6月30日の夏越《なごし》の大祓《おおはらえ》など、祭事の日は拝殿前に列ができ、近年は外国人参拝客の姿も絶えない。授与所では英語版と台湾語版のおみくじが用意されているが、試しに英語版をひいてみると、「吉」の横にＧｏｏｄ Ｌｕｃｋと書かれていた。

境内社は、円山公園口鳥居からの参道沿いに開拓神社と札幌鉱霊神社、穂多木《ほたぎ》神社の順で並んでいる。開拓神社は道内の開拓に尽力した功労者を祀る神社で、現在は三十七柱が御祭神となっている。島義勇はもちろんのこと、間宮林蔵や松浦武四郎、高田屋嘉兵衛など、北海道の歴史を学ぶ上で一度は耳にしたことがある偉人ばかりで、昭和13年に開道70年記念事業として建立された。「北海道」と命名された明治2年8月15日にちなみ、例祭は毎年この日に行われている。

札幌鉱霊神社は道内の鉱山事故で殉職

●御朱印

●御祭神
大國魂神（おおくにたまのかみ）
大那牟遅神（おおなむちのかみ）
少彦名神（すくなひこなのかみ）
明治天皇（めいじてんのう）

●例祭日
6月15日

開拓判官島義勇の銅像

境内社の開拓神社

した一万三千四百三十五人（平成28年時点）が御祭神として祀られている。旧北海道拓殖銀行の物故者を祀る穂多木神社の狛犬は、北海道神宮の境内に2対しかない狛犬の1対で、昭和12年（1937年）に奉納されたブロンズ製である。

北海道神宮や北海道の開拓の歴史について、さらに詳しく知りたければ、平成29年2月に増補改訂版が発行された略史の『北海道神宮』が分かりやすい。授与所では略史のほか、小学生でも読めるよう全ての漢字に振り仮名を付けた『島義勇物語』や一般書店でも購入できる漫画『島義勇伝』も扱っている。

御朱印は祈祷《きとう》の受付場所でもある上社務所でいただくことができ、御朱印帳を渡して番号札をもらい、順番を待つ。御朱印を担当する神職が複数名いるため、毎回、筆跡の趣が異なるのも北海道神宮ならでは。開拓神社の御朱印もここでいただくことができる。

島判官によって円山に鎮座し、札幌を代表する桜の名所となった北海道神宮。表参道の両脇をはじめ、境内の至るところに植えられた千本を超える桜が参拝客の心を癒やしている。エゾリスやアカゲラなど小動物や野鳥との出合いもあり、北海道神宮の参拝はいつもすがすがしく、心を落ち着かせてくれる。

●御朱印（開拓神社）

●御祭神（開拓神社）

武田信広／松前慶広／佐藤信景／村山伝兵衛／松田伝十郎／本多利明／伊能忠敬／高田屋嘉兵衛／栖原角兵衛／最上徳内／近藤重蔵／間宮林蔵／中川五郎治（次）／鈴鹿甚右衛門／井上長秋／松前徳広／田崎　東／鍋島直正／島義勇／松川辨之助／続　豊治／下国安芸／清水谷公考／早川彌五左衛門／松浦武四郎／吾妻　謙／佐野孫右衛門／伊達邦直／黒田清隆／小林重吉／永山武四郎／岡本監輔／伊達邦成／東久世通禧／田村顕允／岩村通俊／依田勉三

●例祭日（開拓神社）

8月15日

札幌市中央区宮ケ丘474
TEL011-611-0261
地下鉄東西線「円山公園」駅より徒歩約15分
http://www.hokkaidojingu.or.jp/

北海道神宮頓宮

Hokkaido Jingu Tongu

本宮を望む社殿と恋愛成就の狛犬さん

北海道神宮の境内外末社として、同じ四柱の御祭神が祀られている。元は道のり遠い本宮を参拝するための遥拝《ようはい》所であり、神輿《みこし》渡御の途中の休憩所。頓宮の名称になったのは明治43年（1910年）で、この時、造営された社殿は札幌神社時代の本宮の古材を使用したものである。

参道入り口の狛犬は恋愛成就の御利益が口コミで広まり、阿形《あぎょう》の狛犬に触れる女性の姿が目立つ。お守りや絵馬に描かれた狛犬は巫女《みこ》さんの作品だそうで、御朱印にもこの印が押してある。参道の左右にそびえる御神木のイチョウに触れる女性も見掛けるが、どちらも雄木《おぎ》で、秋の黄葉が美しい。社殿前の狛犬は市内に残る狛犬で最古とされ、明治23年（1890年）の札幌軟石製。子犬を抱いた姿から、安産や子宝を願う人も多い。

近年は開発が進む創成川東エリアにあることから、イベント会場に使われる機会も増えている。「神社は地域と人をつなぐ場所」と、境内を開放する頓宮は昔も今も〝頓宮さん〟と呼ばれ、地域の人々から親しまれている。

御神木のイチョウと社殿

恋愛成就のお守り

●御朱印

●御祭神

大國魂神（おおくにたまのかみ）

大那牟遅神（おおなむちのかみ）

少彦名神（すくなひこなのかみ）

明治天皇（めいじてんのう）

●例祭日

9月第3日曜

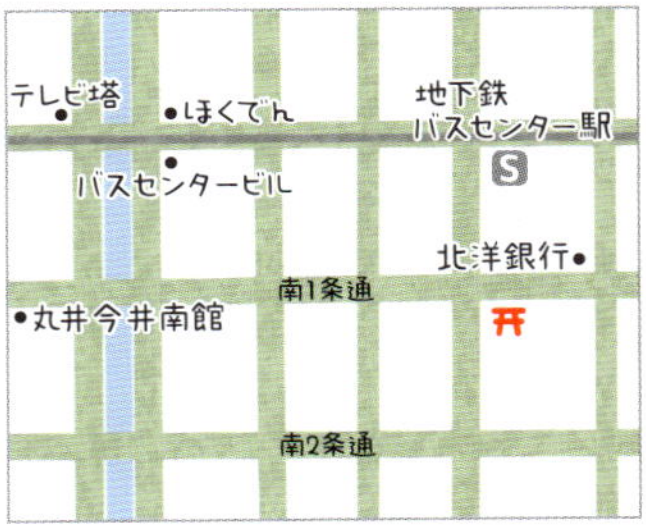

札幌市中央区南2条東3丁目10

TEL011-221-1084

地下鉄東西線「バスセンター」駅より徒歩約3分

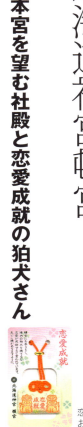

三吉神社

Miyoshi Jinja

ビルの谷間でパワーみなぎる〝さんきちさん〟

市街地に建てられた社殿

正式名は「みよし」だが、札幌市民の間では〝さんきちさん〟の愛称の方が通りがいいかもしれない。御祭神の藤原三吉神は勝利成功・事業繁栄の神様。その御利益を授かろうと、朝夕の参拝を欠かさない企業戦士や飲食店主をよく見掛ける。鳥居をくぐれば、拝殿までは数十歩。気軽に手を合わせることができるフラットな境内はビルの谷間と思えないほど静かで、見上げるほどの樹木がそびえる。

秋田県秋田市の太平山三吉神社を総本宮とし、藤原三吉神の分霊を豊平川の東側に祀った明治11年（1878年）が創祀だが、その翌年、現在地に移って社殿が建てられた。市街地が札幌区となり、大通の北側が官庁街、神社のある南側が住宅・商業地だった時代。大正7年（1918年）に市電が開通すると、〝さんきちさん〟は市民の神社として、にぎわいを増していった。現在の電停「西8丁目」は一時、「三吉神社前」だったことがあるそうだ。

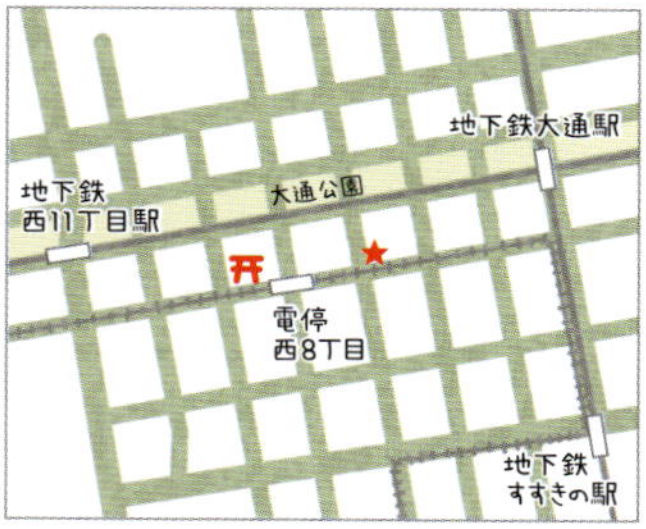

札幌市中央区南1条西8丁目17
TEL011-251-3443
地下鉄「大通」駅より徒歩約5分、
市電「西8丁目」前

境内社の出世稲荷社

毎年5月15日に行われる例大祭は札幌の中心街に春を呼び込む一大イベント。平成20年の創祀130年に新調された神《み》輿《こし》が市街地を練り歩き、境内では歌手のステージや獅子舞が繰り広げられる。境内社のお稲荷さんは、会社員なら思わず参拝したくなる「出世稲荷社」。学問の神、天満宮も祀っているため、絵馬を求める学生も多い。

社務所では藤原三吉神の姿を刺しゅうしたお守りも授与している。御朱印に押された神紋は吉の字を三つ重ねた縁起のいい「みつよし紋」。あらゆるところからパワーをいただけるようで、毎日参拝に来る人たちの気持ちが分かるような気がした。

にぎやかな例大祭

オリジナルの「勝守」など

●御朱印

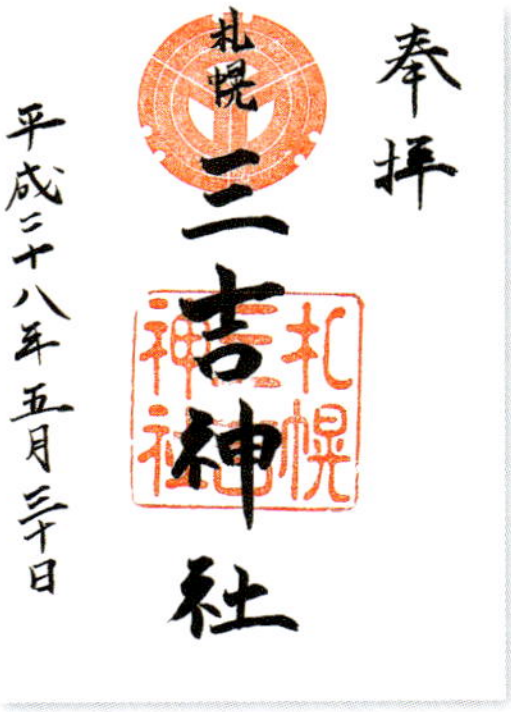

●御祭神
大己貴神（おおなむちのかみ）
少彦名神（すくなひこなのかみ）
藤原三吉神（ふじわらみよしのかみ）
金刀比羅宮（ことひらぐう）
天満宮（てんまんぐう）

●例祭日
5月15日

寄り道スポット ONIYANMA COFFEE&BEER

三吉神社から東に2丁離れた西向き。入るとすぐに焙煎《ばいせん》機があり、栗のような甘い香りが漂う。店長の矢野一夫さんはコーヒーの格付けができる道内に3人しかいない国際資格を持つ一人。甘い香りは焙煎によって引き出されるコーヒー本来のフレーバーだそうだ。開店は午前8時。朝の参拝帰りにモーニングセットも楽しめる。

札幌市中央区南1条西6丁目 センチュリーヒルズ1階
TEL011-207-5454 http://www.oniyanmacoffee.jp/

境内の紅葉に映える社殿

彌彦神社

Iyahiko Jinja

万葉集に詠まれる札幌の〝いやひこさん〟

中島公園の東側の通りに立つ真っ赤な鳥居の彌彦神社を訪ねると、鳥居の社号額には「伊夜日子神社」と記されている。社殿の社号額も同様だから、「彌彦」か「伊夜日子」か、疑問に思うのも無理はない。正式名は新潟県の本社と同じ彌彦神社で、読み方は「いやひこ」。日本に残る最古の和歌集「万葉集」には「いやひこ」で始まる和歌が2首、残されている。「万葉仮名で書くと、『伊夜日子』なので、読みやすい方を使っているのです」という宮司の説明に納得したが、御朱印は正式名の「彌彦」と筆入れしている。

鳥居の主柱を4本の柱で支える朱色の両部鳥居は道内では珍しく、秋には鳥居と紅葉が見事な共演を見せる。学問の神、菅原道真公も祀っていることから、〝札幌の天神さん〟とも呼ばれ、学業祈願に絵馬を求める人も多いが、縁結びの神社として神前結婚式の会場に選ぶ人も少なくない。赤い鳥居をくぐるだけで、幸せな気持ちになれる神社だ。

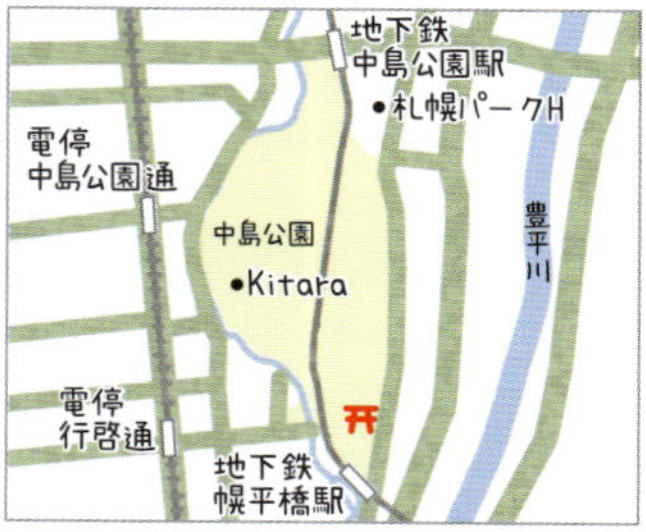

札幌市中央区中島公園1-8
TEL011-521-2565
地下鉄南北線「幌平橋」駅より徒歩約3分
http://www.iyahiko.or.jp/

●御朱印

●御祭神
天香山命
（あめのかぐやまのみこと）
菅原道真公
（すがわらみちざねこう）

●例祭日
7月27日

横型の社号標と鳥居

水天宮

Suitengu

鴨々川のほとりにたたずむ女性宮司の水天宮

福岡県久留米市を総本宮とする水天宮は、安徳天皇の母に仕えていた女官、按察使《あぜちの》局《つぼね》伊勢《いせ》が建久元年（1190年）に創祀したことで知られている。「古事記」で最初に登場する神様を祀り、国内だけでなく、海外にも分社があるが、その39番目に当たるのが鴨々川のほとりに立つ札幌の水天宮。中島公園入り口の交番の脇を川沿いに進むと、境内に続く小さな橋が架かっている。

鳥居から入っても、拝殿まではほんの数十歩の小さな境内だが、ゆっくり進むと、台座から下ろされた1対の狛犬も、社殿の前の新しい狛犬も全て玉（まり）を抱いていることに気付く。「玉取り」と言い、物事がよく転がる（進む）ようにという意味があるそうだ。

札幌市内でただ一つ、女性が宮司を務める神社で、不在の際は社務所に書き置きの御朱印を用意している。久留米市の総本宮でも授与している「いつもじ」のお守りは、紙に記された五つの文字を中心から「の」の字の順でちぎり、水と一緒に飲み込むというもの。体調が優れないときのために持ち歩く人が多いようだ。

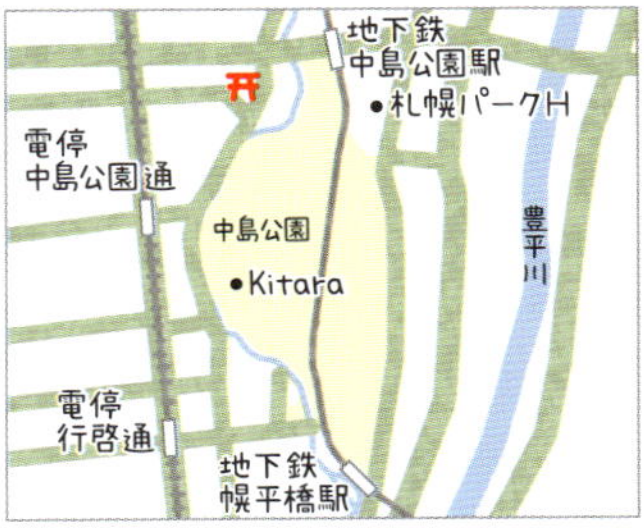

札幌市中央区南9条西4丁目6-20
TEL011-521-2787
地下鉄南北線「中島公園」駅より
徒歩約1分

●御朱印

●御祭神

天之御中主神
（あめのみなかぬしのかみ）

安徳天皇（あんとくてんのう）

高倉平中宮
（たかくらたいらのちゅうぐう）

二位の尼（にいのあま）

大國魂命（おおくにたまのみこと）

大己貴命（おおなむちのみこと）

少彦名命（すくなひこなのみこと）

●例祭日

7月25日

札幌護国神社

Sapporo Gokoku Jinja

荘厳な社殿の本社と縁結びのお多賀さま

札幌護国神社の荘厳な社殿

中島公園の南側の鴨々川のほとり。広い境内は四方どこからでも入っていけるが、正参道は鴨々川を渡って進む石畳の道で、春は桜、秋は紅葉を楽しむ参拝客でにぎわう。手水舎は数々の慰霊碑や記念碑が並ぶ北側の彰徳苑の入り口。戦地や戦没者の名前が刻まれた慰霊碑を見て回ると、昭和の戦争の歴史がひしひしと伝わり、彰徳苑に流れる空気はどこか、ひんやりとしていた。

創祀は明治12年（1879年）。その2年前に九州で起きた西南戦争に派遣された屯田兵の霊を慰めるために建てられた神社で、その後の戦没者を含めると、御祭神は二万五千を超える。勇ましい顔立ちの狛犬が置かれた神門で一礼して顔を上げると、境内は石畳と玉砂利が敷き詰められた広々とした空間。左右に流れるような屋根の社殿は見とれてしまうほど、優美で荘厳だった。

社務所で御朱印やお守りをいただく前に、境内社の多賀神社の鳥居をくぐる。御祭神は、「古事記」で八百万《やおよろず》の神を生んだ伊邪那岐《いざなぎ》、伊邪那美《いざなみ》の夫婦の神。本社

カエルの
交通安全守

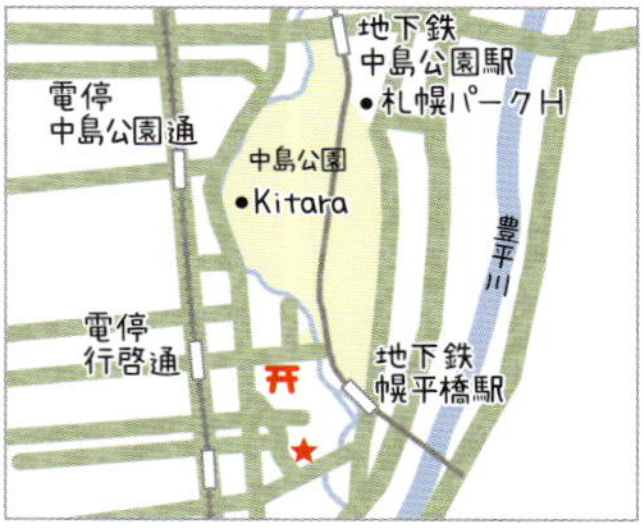

彰徳苑の入り口

札幌市中央区南15条西5丁目1
TE011-511-5421
地下鉄南北線「幌平橋」駅より徒歩約3分
http://s-gokoku-jinja.sakura.ne.jp/

である滋賀県の多賀大社は延命長寿、縁結びの〝お多賀さま〟として親しまれている。ハート形の絵馬に託された多くの願い事がかなうように、と思った。

社務所では両社の御朱印を授与しており、多賀神社の方には馬のスタンプが押してある。山鼻屯田兵が守っていた山鼻神社を合わせて祀り、開拓時代を支えた農耕馬も御祭神となっているためで、御朱印をよく見ると、護国神社には桜、多賀神社にはカエルのスタンプも押してある。小さなカエルがあしらわれ、「無事かえる」と刺しゅうされた交通安全守を求め、穏やかな気持ちに包まれて家路に就いた。

●御朱印

●御祭神
護国の神霊
25,549柱（平成29年時点）

●例祭日
7月6日

多賀神社の鳥居

寄り道スポット　倉式珈琲店　札幌中島公園店

地下鉄幌平橋駅から電車通りに向かって約5分。全国に展開する大型のカフェだが、木立の中にひっそりとたたずみ、隠れ家的な雰囲気を漂わせる。コーヒー豆を倉庫で熟成させ、1杯ずつ、サイフォン式で落とすのが店名の由来。たっぷり1.5杯分のコーヒーをサイフォンのまま提供し、倉式ブレンドが315円（税別）の安さ。8時からのモーニングセットもお勧め。

札幌市中央区南16条西5丁目1-13　TEL011-520-3096
https://www.saint-marc-hd.com/kurashiki/

伏見稲荷神社

Fushimi Inari Jinja

朱色の鳥居に守られた伏見のお稲荷さん

鳥居が続く坂道の参道

　見るからに、心躍る朱色の鳥居を一つ、また一つとくぐりながら、境内を目指す。季節によっては、エゾリスなどの小動物も顔を見せるのどかな参道。数えながら、なだらかな坂道を行くと、鳥居の数は26基となった。さらに階段を上がり、手水舎に寄ると、27基目の鳥居の先に社殿がある。この地域が伏見と呼ばれる由縁となった神社であり、これだけの鳥居は道内では最多だろう。途中で何度も立ち止まり、記念写真を撮る参拝者は四季を通して絶えることがない。

　平成26年に創始130年を迎えた伏見稲荷神社は、北海道神宮の前身である札幌神社の禰宜《ねぎ》の発願で、京都から御祭神を勧請したのが始まりである。現在地に社殿を構えたのは、明治40年（1907年）2月。ここがいつしか高級住宅街となり、しゃれた飲食店が集まるスポットになることなど、誰が想像しただろう。御祭神は五穀豊穣や商売繁盛の御利益があることから、このかいわいで商売をする人たちの守り神にもなっている。

札幌市中央区伏見2丁目2-17
TEL011-562-1753
地下鉄東西線「円山公園」駅よりJR北海道バス「啓明ターミナル」下車、徒歩約10分

27基目の鳥居と社殿

御朱印やおみくじのために社務所に寄るなら、一緒に「願《ねがい》かけ守」を授かり、「願石」でお参りをしたい。境内にわずかながら頭を出していた石を見た篤志家が「生き石だから、大切にするように」と言い残したもので、願いがかなう石として、参拝者がそう呼ぶようになったそうだ。お守りの封を開け、中の紙に願い事を一つ書いて、専用のお守り掛けに納めてくる。その時、自分の好きなものを一つ断つと良いそうで、何を願い、何を断つか考える。意外に難しい問い掛けだったが、帰りの参道では少しだけ、心が軽くなったような気がした。

願いをかなえてくれる願石

●御朱印

●御祭神

倉稲魂命（うがのみたまのみこと）
大山祇命（おおやまつみのみこと）
大國主命（おおくにぬしのみこと）
事代主命（ことしろぬしのみこと）
天鈿女命（あめのうずめのみこと）

●例祭日

9月9日

寄り道スポット 角食専門店CUBE

伏見稲荷神社の一の鳥居から、藻岩山麓通沿いに西へ約500メートル。赤い縁取りがかわいい木の扉を開けると、そこは小麦の香りに包まれた角食パン専門店。羊蹄山の湧き水をはじめ、道産小麦やてんさい糖、オホーツクの塩など、道産素材にこだわった角食と、チョコとクルミ、五穀と黒ごまなどオリジナルの角食が10種類以上。風味豊かで、しっとり、きめ細やかな食感は一度食べるとファンになる。

札幌市中央区旭ヶ丘5丁目1-1　TEL011-532-0138

豊平神社

Toyohira Jinja

御神木のハルニレが見守る豊平の鎮守

神明造の社殿

札幌市内中心部から国道36号を東へ向かう途中、車窓から鳥居を目にしたことがある人も多いだろう。ビルやマンションが立ち並び、交通量の多い国道沿いで、そこだけが樹木に囲まれ、境内は車の音も気にならないほどの静けさだった。社殿のすぐ右手には大きく枝を広げる御神木のハルニレがそびえ、まるで参拝者を空から見守っているように思える。昭和60年に樹齢200年と推定され、札幌市の保存樹に指定されてから、さらに30年以上。明治17年（1884年）創祀の豊平神社よりも長寿ということは、この一帯が原始の森だったと想像できる。狛犬は迫力ある顔立ちだが、口や玉（まり）の真っ赤なアクセントが愛らしい。

通常の御朱印は手書きの社名に神紋を押したもので、紫色の印が厳かな雰囲気を醸し出す。さらにここでは、もう1種類、主祭神である上毛野田道命の姿を描いた御朱印をいただくこともでき、見開きの御朱印はありがたさが倍になる。大蛇に巻かれたその姿は、蝦夷《えぞ》征伐で命を

御神木のハルニレと狛犬

札幌市豊平区豊平4条13丁目1-18
TEL011-811-1049
地下鉄東豊線「豊平公園」駅より徒歩約8分
http://toyohirajinja.or.jp/

落とした上毛野田道命の墓から大蛇が現れたという神話に由来するもので、本社は青森県平川市猿賀に鎮座する猿賀神社。東北地方からの入植者によって開拓が進められた豊平地区の歴史を知ることができた。

豊平神社が境内を提供して4月から11月まで毎月1回開催されている「骨とう青空市」は、平成10年の1回目から150回以上を数え、名物の一つになっている。7月の例大祭同様、境内にテントが並ぶイベントに地域を超えて多くの人たちが集まるそうで、神社でのお宝発見も楽しそうだと思った。

●御朱印

●御祭神

上毛野田道命
（かみつけのたみちのみこと）

大山祇神
（おおやまつみのかみ）

倉稲魂命
（うがのみたまのみこと）

●例祭日

7月15日

国道36号沿いに立つ鳥居

寄り道スポット 豊平硝子《がらす》

豊平神社から国道36号の向かい側の道を豊平川方向へ約400メートル。昭和5年（1930年）に釧路で創業したガラス工場で、豊平に移転してからも50年以上。2代目が取り組んだガラスパイプの吹きガラスは色のグラデーションが美しく、3代目の現社長が作るアンティーク調の作品はどこか懐かしさを覚える。ギャラリーだが、購入もできる。日・祝日は休み。臨時の休みもあるので電話で確認を。

札幌市豊平区豊平3条9丁目3-14　TEL011-811-7645

相馬神社

Souma Jinja

急坂の先にある樹齢300年の御神木

彫刻も見事な流造の社殿

平岸通から始まる参道は、札幌市内の神社の中では恐らく一番の急勾配。鳥居も社殿も見えない坂を前に、「よし」と気合を入れる。左手には墓地の脇を通る比較的、なだらかなルートもあるが、砂利道のため足元は悪い。上り切った先では樹齢300年とされる御神木のシバグリが見事な枝振りで待っていた。

創祀は明治4年（1871年）。旧藩士を主体とする岩手県からの入植者がこの地を借り受け、札幌神社（現北海道神宮）の遥拝《ようはい》所として祭事を行っていたという。相馬の社名は福島県相馬郡太田村（現南相馬市）の古社、相馬太田神社から分霊をいただいたことに由来し、豊平仮殿から現在の天神山に移転したのは大正5年（1916年）のことである。

流造の社殿に進むと、鈴の上の龍や獅子の彫刻が見事で、じっくり眺めていたくなる。終戦後、米軍基地となった真駒内が近かったためか、狛犬に残る無数の穴は兵士が放った弾の痕だと聞いて驚いた。今は静かな境内に平和の2文字が浮かんだ。

札幌市豊平区平岸2条18丁目1-1
TEL011-831-3413
地下鉄南北線「澄川」駅より
徒歩約10分

●御朱印

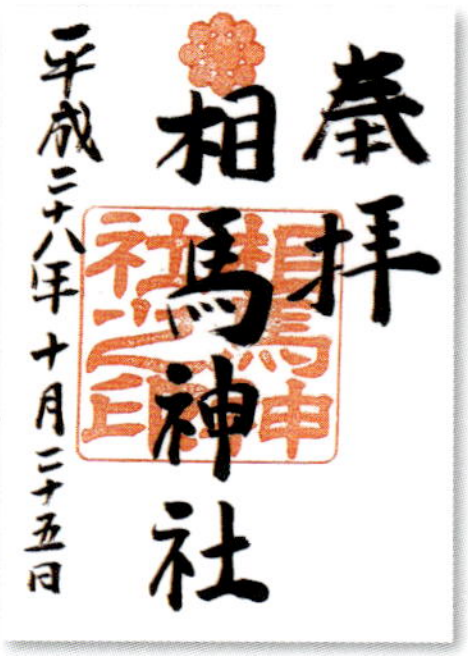

●御祭神

天之御中主大神
（あめのみなかぬしのおおかみ）

●例祭日

9月5日
（行事は9月第1土、日曜）

太平山三吉神社
平岸天満宮

Taiheizanmiyoshi Jinja

Hiragishi Tenmangu

天神山の由来となった天満宮と三吉さん

二柱の神様が祀られた社殿

平岸通に立つ太平山三吉神社と平岸天満宮の社号標。なぜ、二つの神社が同じ場所にあるのかと思い、石段を上る。味わい深い木造の鳥居の先に見える社殿にも両社の社号額が掛けられていた。

社務所で由緒を尋ねると、昭和7年（1932年）のロサンゼルス五輪の三段跳びで、道産子初の金メダリストとなった南部忠平氏の父、源蔵氏が太宰府天満宮の分霊を小さな祠《ほこら》に祀ったのが明治36年（1903年）。これが平岸天満宮の創祀であり、これを機に一帯の緑地が天神山と呼ばれるようになったという。そして、「秋田県に総本宮がある太平山三吉神社の分社と合祀して、昭和57年に今の社殿が建ったのですが、名称を一つにせず、今に至っているのです」。社号標の謎が解けた。

地元では学問の神である天神さんとして親しまれ、社殿の両側は合格祈願の絵馬で埋め尽くされている。御朱印は太平山三吉神社のものもいただける。受験や勝負事の前に訪れたい神社である。

札幌市豊平区平岸2条16丁目3-2
TEL011-841-3456
地下鉄南北線「南平岸」駅より
徒歩約10分

●御朱印

●御祭神
三吉霊神（みよしのおおかみ）
菅原道真公（すがわらみちざねこう）

●例祭日
5月第3日曜

月寒神社

Tsukisamu Jinja

巨木のパワーみなぎる月寒公園の守り神

月寒公園の東に位置する月寒神社

平成30年度中の完成を目指し、再整備が進められている月寒公園。園内には野球場やテニスコート、ボート池や広場などがあり、とにかく広い。月寒神社はこの公園の東側の森に寄り添うように鎮座している。国道36号沿いのカレーショップの脇に立つ社号標は、そこにかつて鳥居があり、参道の入り口だったことを示している。

神社に着いて驚くのは一の鳥居の高さで、目測でも10㍍以上はある。いつごろ建てられたものなのか、詳しい資料は残されていないそうだが、形は神明鳥居に似た靖国鳥居だと、宮司が教えてくれた。

この鳥居から、一直線に伸びる境内を進むと、鳥居に勝る高さの巨木に目が釘付けになる。「ハリギリ（針桐）・センノキ」の札がかかったその木は、1本の根元から5本の太い幹が均等に空へと伸びている。元々、大きく育つ樹木だが、その姿は芸術的。しばし見上げてから、月寒公園の「歴史の森」へと向かった。

札幌市豊平区月寒西3条4丁目1-56
TEL011-851-0857
地下鉄東豊線「月寒中央」駅より
徒歩約5分

●御朱印

●御祭神

倉稲魂命
（うがのみたまのみこと）

大山祇命
（おおやまつみのみこと）

市杵島姫命
（いちきしまひめのみこと）

宇摩志麻遲命
（うましまぢのみこと）

●例祭日

9月8日

西岡八幡宮

Nishioka Hachimangu

必勝祈願の神を祀る水源池通の〝八幡さま〟

水源池通から見た鳥居

〝八幡さま〟と親しまれ、大分県・宇佐神宮からの分霊によって、全国に4万社余りにまで広まった八幡神社。道内にも八幡さまを祀る神社は数え切れないほどあるが、社名から、すぐにそれと分かる神社はあまり多くはない。札幌の水源池通沿いに鎮座する「西岡八幡宮」はまさにその一社であり、明治20年代に兵庫県淡路島からの入植者が郷里の八幡神社を祀ったのが始まり。当時の地名は月寒村焼山で、現在の西岡になったのは昭和に入ってからのことである。

鳥居から社殿へ向かう参道には数々の記念碑が立っている。最も古い明治39年（1906年）の開拓記念碑は、約50人の男たちが神社裏の月寒川から400貫（1・5トン）の巨石を運び上げて、土台としたもの。それだけの重さの石を人の力だけで運んだことを想像すると、武術に優れ、勇気のある八幡さまの力が後押しをしたのかもしれない。境内は静かで、穏やかだが、水源池通から見える鳥居はどこか勇ましく感じられた。

札幌市豊平区西岡4条8丁目293
TEL011-854-8003
地下鉄東豊線「月寒中央」駅より中央バス「西岡3条8丁目」下車、徒歩約3分

●御朱印

●御祭神
応神天皇（おうじんてんのう）
神功皇后（じんぐうこうごう）
比売大神（ひめおおかみ）

●例祭日
9月第2土曜

石山神社

Ishiyama Jinja

伊勢の古材のヒノキが香る軟石のまちの神社

伊勢の神宮の古材で建てられた社殿

札幌軟石の産地として、明治の初めから採石、加工が始まった石山地区。全国各地から集まった石工職人が、それぞれの故郷の氏神様を祀り、安全祈願をしていたのが石山神社の始まりで、境内の鳥居や狛犬は、もちろん軟石で造られている。なかでも、明治33年（1900年）8月と刻まれている狛犬の造形は見事で、当時の職人が腕をふるったことが想像できる。尾を立て、ツンと空を見上げる狛犬の向こうに立つ社殿は柱や梁《はり》の木の肌があまりに美しく、拝殿に進むと、ヒノキの香りに包まれた。

その社殿は、昭和2年（1927年）に建てられた旧社殿を全面的に建て替えたもので、平成27年9月に完成を迎えたばかり。道産のカラマツ材に加え、伊勢の神宮の第62回式年遷宮の古材が随所に使われている。20年に一度、全ての社殿を建て替える神宮では解体後の用材を全国の神社の造営などに再利用しているが、その行き先はあまり知られるものではない。平成27年に鎮座130年を迎え

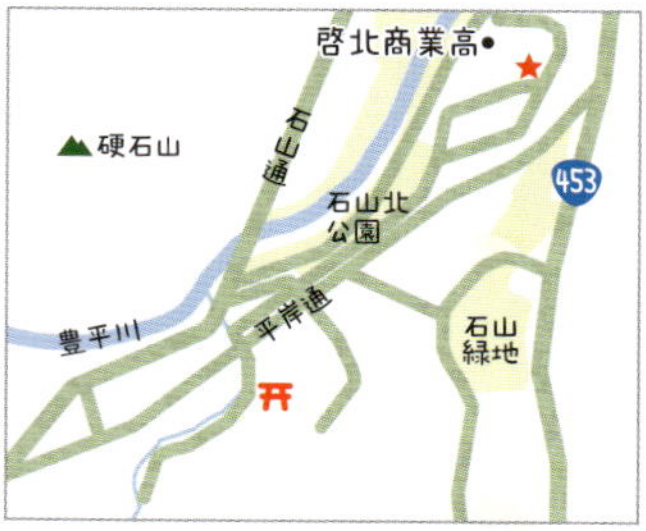

札幌市南区石山2条3丁目254
TEL011-591-1577
地下鉄南北線「真駒内」駅よりじょうてつバス
「石山小学校」下車、徒歩約3分

ヒノキの香りが心地いい

た石山神社がその栄誉を授かり、神宮から木曽ヒノキなどの柱13本、64石もの古材が届いたそうで、一大事業を成し遂げた宮司は、「神様からのごほうび」と感無量の様子だった。地元の市民団体からは、一部に軟石を使った総重量約８００キロの神輿《みこし》も奉納されている。

御朱印をいただくと、参拝の記念に「伊勢神宮古材拝受　石山神社御造営」の焼き印が入った小さな経木をいただいた。それを収めた袋には短歌が一首、書かれていた。「新宮は　伊勢より檜　給わりて　鎮め護らむ　ここ石山を」。宮司が詠んだその歌からは、無事に大事業を終えた安堵《あんど》の気持ちが伝わってきた。

札幌軟石の石段や鳥居

●御朱印

●御祭神
天照大御神（あまてらすおおみかみ）

●例祭日
9月8日

寄り道スポット　軟石や

明治期の札幌の建築を支え、今も採掘が行われている札幌軟石。切り出した石の端材を使い、アロマストーンやマグネット、表札や花器など実用的な雑貨に生まれ変わらせているのは、子供のころから石に興味があったという店主の小原恵さん。石山神社から約1キロの住宅街にある店舗兼工房も軟石造りの元住宅。分かりにくい場所のため、スマホの地図を頼って訪ねたい。

札幌市南区石山2条3丁目1-26 ぽすとかん内
TEL090-9425-0573　https://212a-a.jimdofree.com/

新琴似神社

Shinkotoni Jinja

新琴似屯田兵の歴史を伝え、鎮座130年

6本の鈴がつるされた社殿

新琴似神社の前の道道は通称西5丁目樽川通だが、新琴似四番通と呼ぶ人の方が多いだろう。一番通から六番通までのちょうど中間辺り。明治20年（1887年）に九州や四国から開墾に入った屯田兵の時代は巨木に覆われた密林の泥炭地だったというから、相当な苦労をしたに違いない。想像を絶する未開の地に到着した屯田兵の第1陣がすぐに取り掛かったのが三柱の神様を祀ることで、この地を新琴似と名付け、5月20日を開村記念日に定めた。例大祭も毎年、この日に開催し、月次祭も1日と20日に行うほど屯田兵との縁を守り続けている。

境内は3基の鳥居が一直線に並ぶ社殿までの参道と、広い駐車場に分かれ、駐車場の周りに置かれた石碑の数々と、その大きさに圧倒される。黒い板張りの建物は、新琴似屯田兵中隊本部を創建当時のままに復元したもの（寄り道スポット参照）。平成29年5月に迎えた鎮座130年の記念事業では駐車場の舗装工事をはじめ、新たな社号標の設置や社殿

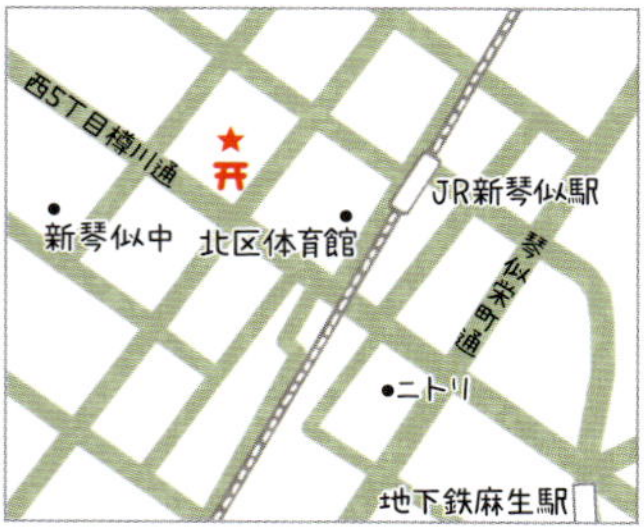

札幌市北区新琴似8条3丁目1-6
TEL011-761-0631

JR新琴似駅より徒歩約5分
http://www.shinkotonijinja.or.jp/

新たに奉納された狛犬

の補修などが行われ、神社も時を刻みながら、変わっていく様子がうかがえた。社殿の手前にあった大正6年（1917年）製の軟石の狛犬は、新たに御影石の狛犬と入れ替えられたが、どちらも製作を手掛けたのは明治時代創業の札幌の老舗石材店だそうだ。

御朱印は宮司のこだわりから、朱印に重ならないように社名を書いている。親交のある本州の神社を参考にしたそうだが、上下の配置はあまり見たことがない。真っ白な布地に神紋をちりばめたオリジナルの御朱印帳はその白さがまぶしいほどで、控えめな宮司の筆跡と克明な朱印がより映える印象だ。

新しくなった社号標

●御朱印

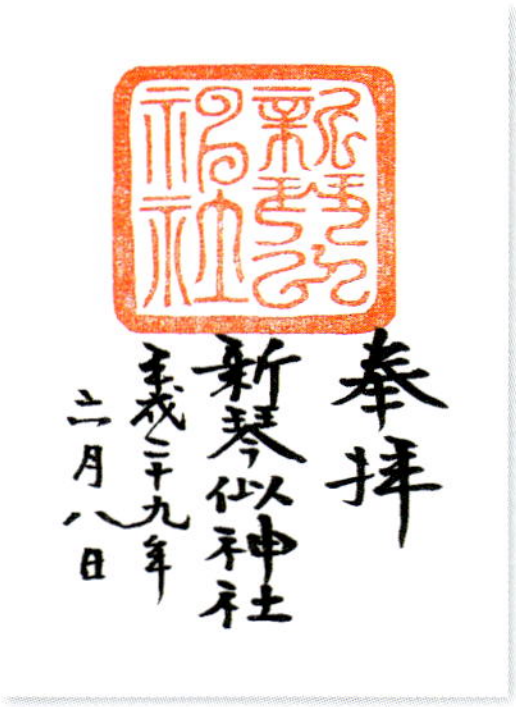

●御祭神

天照皇大御神
（あまてらすすめおおみかみ）

豊受大神
（とようけのおおかみ）

神武天皇
（じんむてんのう）

●例祭日

5月20日

寄り道スポット 新琴似屯田兵中隊本部

新琴似屯田兵が入植する前年の明治19年（1886年）に建てられ、昭和47年に復元された新琴似屯田兵中隊本部は札幌市指定の有形文化財。各室に写真やパネルを展示するほか、中隊長が執務した部屋や屯田兵の暮らしぶりを紹介している。開館は冬季を除く毎週火・木・土曜の午前10時から午後4時で、見学は無料。保存会のメンバーが交代で管理人を務めている。

新琴似神社境内　駐車場横
TEL011-765-3048（現地管理人）

住宅街にそびえる鳥居と社殿

新川皇大神社

Shinkawakoutai Jinja

伊勢とつながり、出雲に続く住宅街の神社

春には桜並木の見物客でにぎわう新川通の北側の住宅街を進むと、清楚《せいそ》にたたずむ新川皇大神社が現れる。鳥居から拝殿までは100㍍ほどのこぢんまりとした境内だが、全てに整ったその姿は親しみがわく。手水舎の脇には平成26年の創祀110年記念に建てられた八方除《よ》けの十二支像があり、干支《えと》の方角と時刻、それぞれの干支が持つ御利益が記されている。静かに自らの干支の像をさすって、願いを込めた。

御朱印をいただきに社務所を訪ねると、宮司が社名の由来を聞かせてくれた。「皇大」とは伊勢の神宮の一社、皇大神宮（内宮）のことで、創祀のため伊勢に出向いた際、「皇大」の名を使うことを許されたのだという。

また、宮司が出雲大社の大社國學館で学んだ縁から、平成27年10月には出雲大社の平成の大遷宮で神輿《みこし》渡御を奉納するという貴重な経験をしてきたそうだ。住宅街に鎮座する小さな神社の秘話に驚き、参拝の記念に清めの塩と長寿箸をいただけたのはありがたかった。

八方除けの十二支像

札幌市北区新川3条13丁目3-12
TEL011-765-7880
地下鉄南北線「北24条」駅より中央バス「西陵橋」下車、徒歩約2分　http://shinkawakoutai.net/

●御朱印

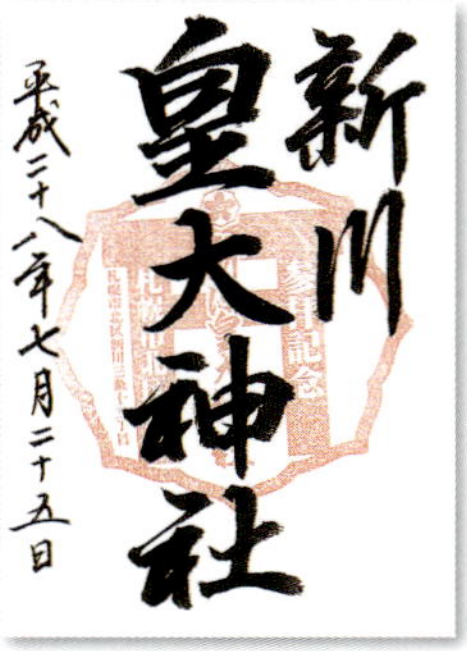

●御祭神

天照大御神（あまてらすおおみかみ）
豊受毘賣神（とようけひめのかみ）
大己貴命（おおなむちのみこと）
少彦名命（すくなひこなのみこと）
品陀和気命（ほんだわけのみこと）
三宝荒神（さんぼうこうじん）

●例祭日

秋分の日

札幌諏訪神社

Sapporo Suwa Jinja

札幌駅の北側に鎮座する〝お諏訪さま〟

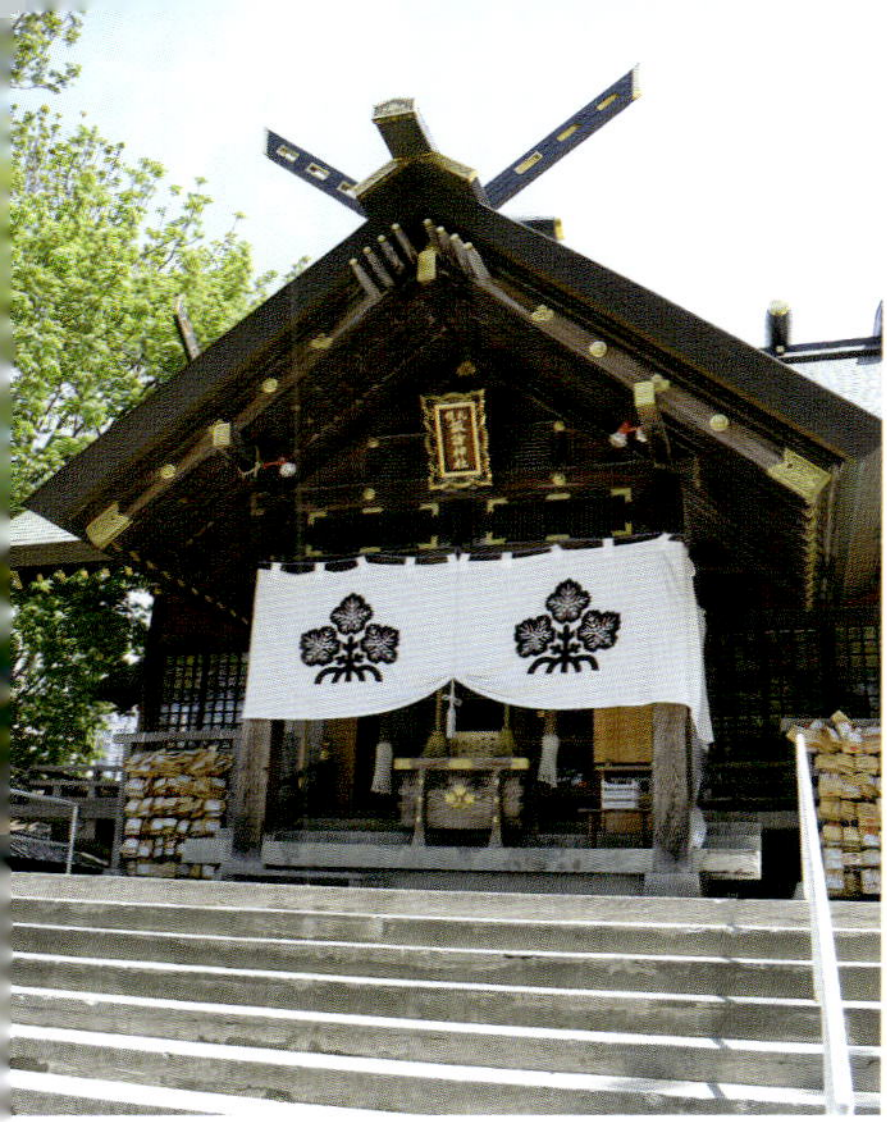

諏訪大社の分霊を祀る社殿

道内では少ないが、全国で親しまれている〝お諏訪さま〟であり、総本社は長野県の諏訪大社。明治11年（1878年）に長野から入植した人々が心のよりどころとして、明治15年（1882年）に諏訪大社から分霊をいただき、小さな祠《ほこら》を建てて祀ったのが札幌諏訪神社の起源である。

かつては3万5千株ものショウブが咲き誇る「東耕園（後に東皐園《とうこうえん》）」という花畑だった境内には札幌市が保存樹に指定したヤチダモとハルニレがそびえ、御神木として、しめ縄が張られている。日露戦争後に奉納され、「凱旋《がいせん》紀念」と彫られた社殿前の狛犬は、左側をなでると仕事運に恵まれるという言い伝えもある。宮司によると、昭和50年代に職探しのため参拝した人から広まったようだ。

夫婦の神を祀っているため、社務所には縁結びや安産を願って、お守りを求める人が絶えない。神紋は総本社の「諏訪梶《かじ》」を模したもの。札幌駅の北側の散策時に立ち寄りたい神社である。

珍しい社殿形のお守り

札幌市東区北12条東1丁目1-10
TEL011-711-0960
JR札幌駅北口より徒歩約10分または
地下鉄東豊線「北13条東」駅より徒歩約3分

●御朱印

●御祭神

建御名方之命
（たけみなかたのみこと）

八坂刀売之命
（やさかとめのみこと）

●例祭日

9月12日

手稲神社

Teine Jinja

手稲山を背にして立つ社殿

手稲山頂の奥宮を望む願い石、叶い石

再開発事業で整備されたJR手稲駅南口。飲食店街や国道の喧噪《けんそう》を遮るように鎮座する手稲神社は、何度訪れてもわくわくする。境内へ向かう道筋は正面の階段を上るルートのほか、階段の横からなだらかな坂道を上るルート、裏参道鳥居から社殿に向かう方法もあり、それぞれに違った景色が楽しめるが、はじめに社務所に寄り、「叶《かな》い石」のお守りを求めていくことをお勧めしたい。

「叶い石」は本来、手稲山山頂にある奥宮の「願い石」に重ねて願うと、特別なお守りになると伝えられるもの。奥宮はテイネハイランドの駐車場から片道1時間はかかるため、本社の奥宮遥拝《ようはい》所でも参拝ができるようになっている。遥拝所は境内摂社の藤白龍神社横にあり、まず、ここの鏡石を通して手稲山の奥宮に手を合わせる。そして、「叶い石」を藤白龍神社の「願い石」のくぼみに置いて願えば、同様の御神徳が受けられるというものだ。

平成21年の創祀110年に改修された

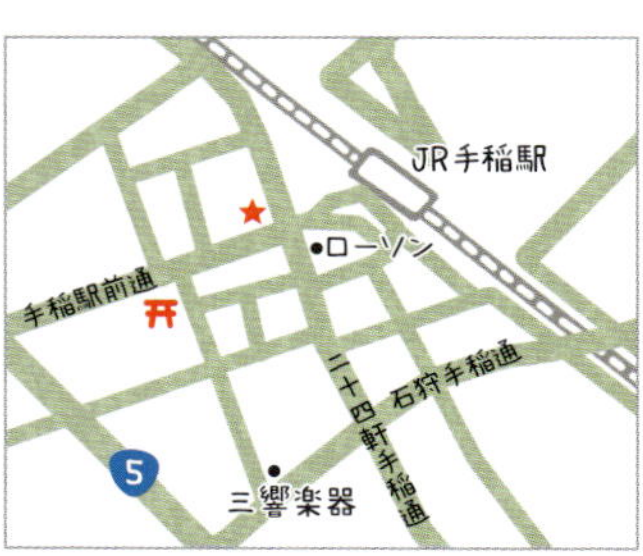

札幌市手稲区手稲本町2条3丁目4-25
TEL011-681-2764
JR手稲駅南口より徒歩約3分
http://teinejinjya.com/

藤白龍神社の鳥居と奥宮遥拝所

拝殿には、極彩色の龍の柱と美しい天井画、願いを工面するという意味を持つ九つの面（九面《くめん》）が飾られている。九面と龍を描いた絵馬もあり、恋愛成就の「喜面」、必勝祈願の「味面」など、九つの表情に力を感じる。手水舎の向かいには目盛りが書かれた「せのび石」があり、子供連れの家族が背比べをしていた。

社務所に戻って御朱印をいただくと、手稲区のマスコットキャラクター「ていぬ」や手稲山をデザインしたスタンプに笑みがこぼれた。手稲山にちなんだスキーとスノーボードのお守りは、あるオリンピック選手も授かりに来たそうで、手稲山の山頂を見上げて、参拝を終えた。

階段が続く正参道

●御朱印

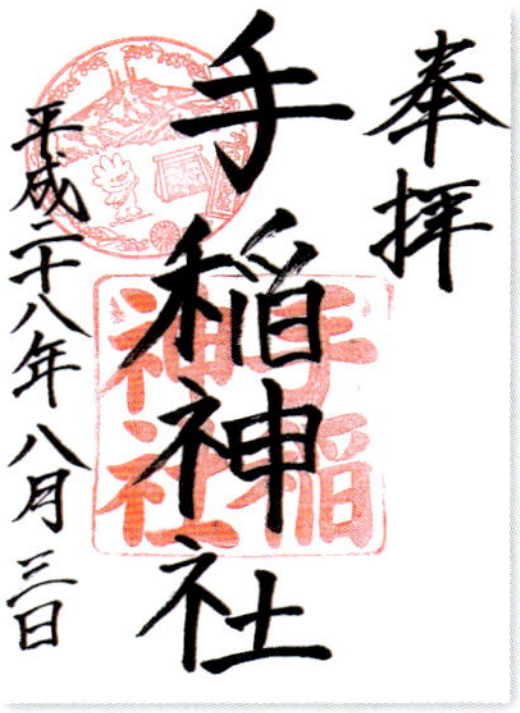

●御祭神
大國魂神（おおくにたまのかみ）
大那牟遅神（おおなむちのかみ）
少彦名神（すくなひこなのかみ）
天照坐皇大神
（あまてらしますすめおおみかみ）
豊受姫大神（とようけひめのおおかみ）
天満大神（てんまんおおかみ）
倉稲魂神（うがのみたまのかみ）

●例祭日
敬老の日（9月第3月曜）

寄り道スポット　鮨　駒

手稲駅前通のビルの1階。平成25年7月にのれんを上げた夫婦で営むすし店で、カウンターの後ろに並ぶ日本酒や焼酎の多彩な銘柄に目を奪われる。店主自ら中央卸売市場に足を運び、吟味して仕入れるネタの鮮度は言うまでもなく、料理を引き立てる器も楽しめる。にぎり8カンにのり巻き1本、吸い物、デザート付きの得ランチは1080円。値段以上の満足感が味わえる。

札幌市手稲区手稲本町2条4丁目　キテネ国分ビル1F
TEL011-695-6338

琴似神社

Kotoni Jinja

北海道開拓の歴史を伝える屯田兵ゆかりの神社

古殿地のオンコと社殿

故郷を離れ、北海道開拓のために入植した屯田兵は、明治8年（1875年）、札幌の琴似から始まった。その数は198戸、男女合わせて965人。この琴似屯田兵によって建立されたのが、当初は武早《たけはや》神社と命名された琴似神社である。境内には初期の屯田兵屋が移築復元され、無料で見学することができる。

境内へは琴似栄町通に面した一の鳥居をくぐるか、車の場合はその横の玉垣門から入る。二の鳥居の先にある神門は北海道神宮から譲り受けたもので、元をたどると、伊勢の神宮の古材で築かれたもの。参拝は丸く刈られたオンコの木の右から進み、左に下りてくるよう順路が作られ、オンコのそばの「古殿地」の札は旧社殿があった場所を示している。そのまま境内社の御門山琴似天満宮で、菅原道真公ゆかりの牛の頭をなで、振り返って、向かい側に進み、報徳神社にもお参りをする。神門の外にある安全神社は毎年、どんど焼きの受付場所になっている。

御朱印は社名を筆入れしていた時代も

札幌市西区琴似1条7丁目1-30
TEL011-621-5544
地下鉄東西線「琴似」駅より
徒歩約5分

第20琴似祭典区の山車

あるそうだが、現在は伊勢の神宮にならって、「琴似神社」の朱印と日付のみを授けてくれる。そして、右上には「屯田一宮琴似神社」の印。この神社が屯田兵によって築かれたことを伝えるもので、琴似屯田兵が入植を完了した5月27日には春季大祭が開催されている。琴似の商店街に露店が並ぶお祭りは秋の例大祭ともども、にぎやか。山車を引く年代ものの外国製のトラクターはちょっとした名物で、平成26年からは札幌まつりの連合山車にも加わり、華を添えている。今では地下鉄が通り、マンションや飲食店が立ち並ぶ琴似のまちの発祥を知ることができる神社である。

初期の屯田兵屋

●御朱印

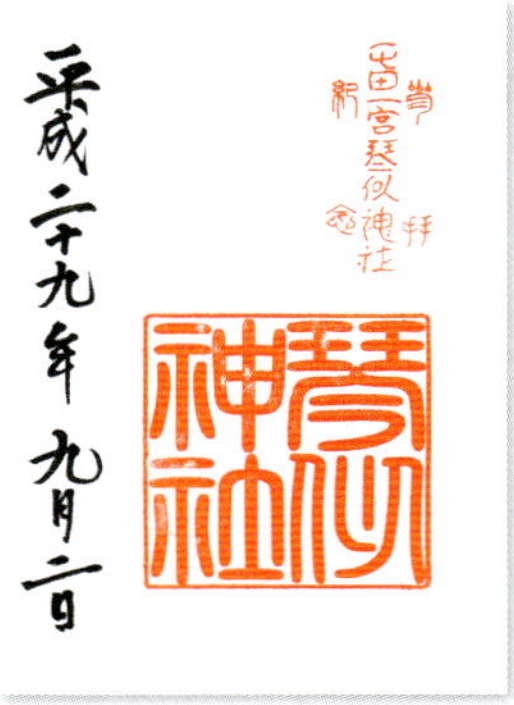

●御祭神

天照大御神（あまてらすおおみかみ）
豊受大神（とようけのおおかみ）
大国主大神（おおくにぬしのおおかみ）
武早智雄神（たけはやちおのかみ）
土津霊神（はにつれいしん）

●例祭日

9月4日

寄り道スポット　想咲《そうさく》そば処香凛

琴似神社から地下鉄琴似駅に向かう途中の仲通り。琴似神社の神職も通う店で、壁一面に地酒のラベルが張られている。そばは、そば粉の産地や打ち方の配合を変えながら、日替わりで田舎系と更科の2種類を用意。その日のそばや入荷した地酒はフェイスブックで情報を発信している。ドリンクとつまみ、締めのそばのセットがお勧めで、昼からでも飲めるのがいい。

札幌市西区琴似1条6丁目　ハイムリバーフィールド1階
TEL090-7640-1278

西野神社

Nishino Jinja

縁結び、子宝を願う犬の石碑と2種の御朱印

神明造の美しい社殿

石垣が美しい高台に鎮座する西野神社。境内へと続く参道沿いの庭は四季折々に手入れが行き届き、狛犬は両前足をピンとそろえた姿が勇壮である。

明治18年（1885年）の創祀から、縁結びや安産、子育ての神を祀る神社として知られ、創祀120年を記念して建てられた犬の石碑には遠路はるばる、参拝客が訪れる。安産を祈る人は生まれてくる子供の干支《えと》の犬、子宝を願う人は中央の親犬、健康祈願は自身の干支の犬をなでることで、御利益があるそうだ。

神明造の拝殿にも十二支の木彫りが飾られ、社務所では通常の御朱印のほかに干支の御朱印をいただくこともできる。新年に干支の置物を求める人は多いと思うが、干支朱印は珍しい。以前は毎月1日の朔詣《さくもうで》に限って授与していたが、参拝客が増えたことから、希望者は1日以外でも受けることができる。そして、十二支全てをそろえた人には「吉祥来福」の特別な御朱印が授与される。

札幌市西区平和1条3丁目1　TEL011-661-8880
地下鉄東西線「発寒南」駅または「琴似」駅より、
JR北海道バス「平和1条3丁目」下車、徒歩1分
http://nishinojinja.or.jp/

石垣の上に立つ鳥居

お守りの種類の多さでも知られ、毎月1日だけの勾玉守《まがたま》は色も形も美しい。さらに、授与所で目に留まったのが球技守り。打球（ゴルフ）、庭球（テニス）、野球など9種の球技のイラストが描かれたお守りは学生などスポーツをする人への贈り物にも喜ばれそうだ。

●御朱印

●御祭神

豊玉姫命（とよたまひめのみこと）

鵜草葺不合命
（うがやふきあえずのみこと）

誉田別命（ほんだわけのみこと）

●例祭日

9月第3日曜

安産や子宝祈願の犬の石碑

球技守りと勾玉守

寄り道スポット エスアンドエス畜産

西野神社の前の手稲右股通を平和の滝方向へ約500メートル。飾り気のない店舗のガラス窓に「半身揚げ」の文字だけが目立つ。扱っているのは国産の生の若鶏を使った半身揚げのみで、一つ税込み500円。あっさりした味付けで、パリッとした皮とふっくらジューシーな肉のうま味はやみつきになるほど。揚げたてを待たずに買うなら、電話予約がお勧めだ。

札幌市西区平和1条6丁目1-8　TEL011-664-6696

発寒神社

Hassamu Jinja

安政年間から続く、古代遺跡のある神社

正参道の鳥居と社殿

札幌新道からＪＲ発寒中央駅に向かう道路沿いに立つ大鳥居は、空にも届きそうな高さで、ここが正門と勘違いしそうになる。しかし、正参道は南側の鳥居で、御朱印にもこの鳥居の判が押してある。駅前の整備が進むにつれ、神社の周りの景色も変わってしまったようだ。

明治初期の創祀が多い市内の神社の中で、発寒神社は安政３年（１８５６年）、蝦夷《えぞ》地開拓の命を受けて来道した武士らが稲荷社を建てたことを起源とする。最初に入植した屯田兵のうち、発寒に入った32戸があらためて神社を創建したのは明治８年（１８７５年）。西側の大鳥居は鎮座１６０年を記念して、平成28年に建て替えられたばかりだそうだ。

社殿のそばに目をやると、「環状石垣之跡」の石碑が立つ。10世紀前後のものとされる環状列石（ストーンサークル）を復元したもので、その場所は環状列石に後代の墓が重複した二重墳墓であったことが分かっている。江戸時代を飛び越え、古代への思いが膨らんだ。

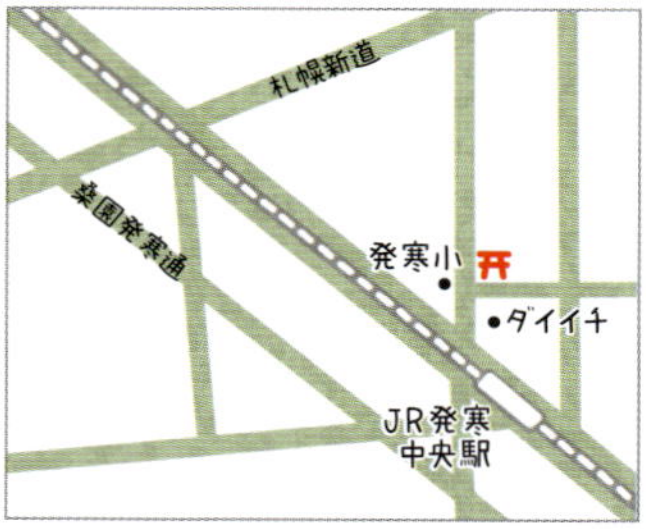

札幌市西区発寒11条3丁目1-33
TEL011-661-3973
JR発寒中央駅より徒歩約3分
http://www.hassamujinja.com/

●御朱印

●御祭神
豊受大神
（とようけのおおかみ）
倉稲御魂大神
（うがのみたまのおおかみ）

●例祭日
9月15日

神明造の社殿と狛犬

信濃神社

Shinano Jinja

保存樹林に囲まれた諏訪大社の鎮守

厚別区と白石区川下地区の総鎮守として、明治16年（1883年）から歴史を刻む信濃神社。ところが、両区には今も昔も信濃という地名はない。祀られているのは長野県・諏訪大社の御祭神だが、諏訪の名称を使っていない神社は全国的にも少数派。歴史をひもとくと、長野県上諏訪からの入植者が長野の旧国名で名付けたようで、周辺の小学校や交番などには信濃の名が浸透している。

参拝は道道厚別停車場線の交番前の鳥居から、参道をゆっくり進みたい。札幌市の保存樹林地に指定されている境内にはエゾマツやミズナラが生い茂り、野鳥の声が響きわたる。手水舎の近くにあるしめ縄を回した石はいつのころからかここに置かれ、くぼみの部分が顔に見える不思議な石として知られている。

現在の社殿は昭和53年に建て替えられたもので、旧社殿は北海道開拓の村（札幌市厚別区）の野外博物館に保存されている。足を伸ばし、新旧の社殿の様式の違いを見比べるのも面白そうだ。

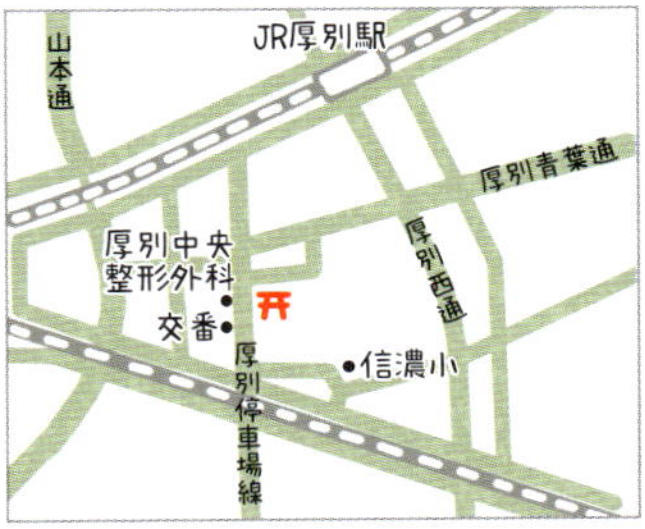

札幌市厚別区厚別中央4条3丁目3-3
TEL011-892-3085
JR厚別駅より徒歩約5分

●御朱印

●御祭神
建御名方富命
（たけみなかたとみのみこと）
八坂刀売命
（やさかとめのみこと）
上毛野君田道命
（かみつけのきみたみちのみこと）

●例祭日
9月15日

大谷地神社

Oyachi Jinja

南郷通の小高い丘で開運福寿を願う神社

明治44年奉納の狛犬と社殿

南郷通と国道12号を結ぶ交差点の角に森を背にした鳥居が見える。車では南郷通沿いの駐車場に止めるか、北星学園大学へ向かう坂道を行けば、境内へたどり着く。小高い丘の鎮守の森には札幌市の保存樹に指定された樹木が茂り、しばし、通りの喧騒《けんそう》を忘れさせてくれる。

創祀は明治30年（1897年）で、御祭神は札幌神社（現北海道神宮）から分霊をいただいている。明治44年（1911年）製の狛犬の台座には3円や5円の寄付金を出し合った女性たちの名前が記され、狛犬へ寄せた当時の女性たちの思いが伝わってきた。時を経て、平成26年には初めて社務所が新設され、神職が常駐する神社となった。御朱印の授与も始まり、「お参りしてくださった方が思い出してくれるように」と渡された開運福寿の箸をありがたく、頂戴した。

大泉洋らが出演したドラマ「雅楽戦隊ホワイトストーンズ」のロケ地になったことから、時折、ファンも訪れる。これからまた、大谷地神社の新たな歴史とにぎわいが築かれていくに違いない。

開運福寿箸

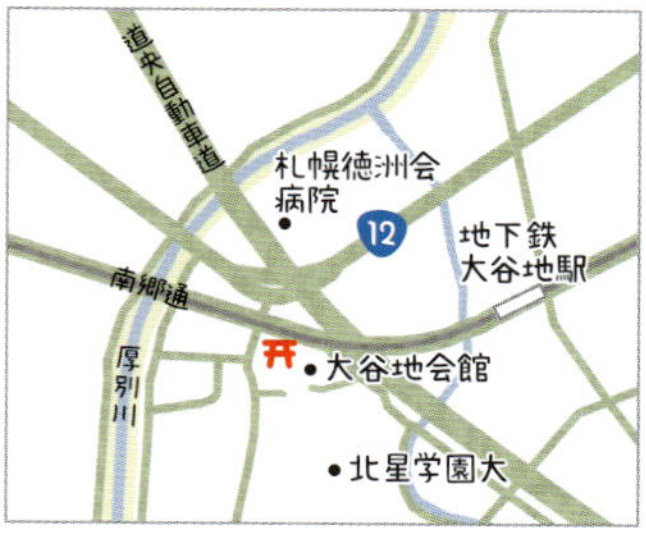

札幌市厚別区大谷地西2丁目2-1
TEL011-891-2235
地下鉄東西線「大谷地」駅より徒歩約15分

●御朱印

●御祭神

大国魂大神
（おおくにたまのおおかみ）

大名牟遅大神
（おおなむちのおおかみ）

少彦名大神
（すくなひこなのおおかみ）

●例祭日

9月23日

厚別神社

Ashiribetsu Jinja

清田区を見守るあしりべつという名の神社

昭和45年に建てられた社殿

清田区役所に近い高台にあり、社名の読み方は「あしりべつ」。一瞬、耳を疑ったが、現在の清田区一帯はかつてアシリベツと呼ばれ、後に「厚別」の漢字が当てられたという歴史を知り、納得した。付近を流れる厚別川も清田区内ではアシリベツ川と呼び、区がシンボルの一つに定めている。

創祀は明治7年（1874年）で、入植者が個人で建てた祠《ほこら》が始まり。現在地に移転したのは大正6年（1917年）で、移設した旧社殿には馬頭観音が祀られている。静かな森の境内には清田地区の開拓100周年記念碑が立ち、神社は区民が選んだ「清田ふるさと遺産」に認定されている。

その境内へは区役所側から50段の石段を上るルートを勧めたい。車で社殿近くの駐車場まで行ったとしても、鳥居まで戻ると、石段の上から厚別川方面の景色が一望できる。社務所で御朱印とともに由緒書きをもらうと、社名に振り仮名が振ってあった。「地元の方でもなかなか正しく読んでいただけませんから」と笑う宮司の筆跡は柔らかくも、力強かった。

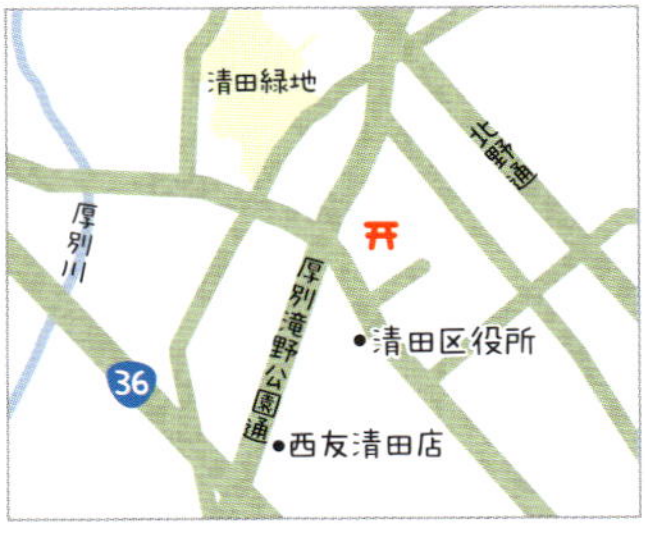

札幌市清田区平岡2条1丁目3-1
TEL011-881-1930
地下鉄東豊線「福住」駅より
中央バス「清田区役所」下車、徒歩約3分

●御朱印

●御祭神

天照大神
（あまてらすおおかみ）

倉稲魂神
（うがのみたまのかみ）

大山祇神
（おおやまつみのかみ）

●例祭日

9月12日

御祭神と御利益

御祭神とは神社に祀られている神様のこと。大昔は山や木、石などに依《よ》りつく神様を祀っていた神社が、やがて日本神話に登場する神様を祀ったり、歴史上の人物を祀るようになっていった。八百万《やおよろず》の神という言葉があるように、日本では神社ごとに御祭神が異なり、神社によっては複数の神様が祀られている。道内の神社の主な御祭神と御利益を紹介してみた。

●**天照大御神**（あまてらすおおみかみ）伊勢の神宮内宮に祀られる太陽神。国土安泰、五穀豊穣、家内安全などあらゆる神徳を発揮する日本の神々の最高位とされる。

●**宇迦之御魂大神／倉稲魂神**（うかのみたまのおおかみ／うがのみたまのかみ）伏見稲荷大社（京都府）の御祭神。農業、漁業、商売繁盛の神。お稲荷さん。

●**大国主大神**（おおくにぬしのおおかみ）出雲大社（島根県）の御祭神。国造りの神であり、縁結び、病気平癒など広汎な神徳を持つ。大国魂神（おおくにたまのかみ）、大那牟遅神（おおなむちのかみ）、大己貴命（おおなむちのみこと）など多くの別名がある。大国さま。

●**大物主神**（おおものぬしのかみ）大国主大神の和魂（にぎみたま＝二つの側面を持つ神様の一つの側面）とされ、五穀豊穣、漁業航海、医薬、技芸など広汎な神徳を持つ。

●**菅原道真公**（すがわらのみちざねこう）平安時代の貴族で、学者、詩人など類いまれな才能の持ち主。全国の天満宮や天神社の御祭神。学問、受験の神。天神さま。

●**少彦名神／少名毘古那神**（すくなひこなのかみ／すくなびこなのかみ）大国主大神とともに国造りを行った国土経営の神。農業、医薬、漁業、酒造など広汎な神徳を持つ。

●**底筒男命・中筒男命・表筒男命**（そこつつのおのみこと・なかつつのおのみこと・うわつつのおのみこと）住吉大社（大阪府）の御祭神。住吉三神と呼ばれ、神功皇后（息長足姫命＝おきながたらしひめのみこと）とともに祀られる。航海、和歌、農業などの神。

●**建御名方神／建御名方富命**（たけみなかたのかみ／たけみなかたとみのみこと）諏訪大社（長野県）の主祭神。厄除開運、交通安全、文武の神。安産・子宝の八坂刀売神（やさかとめのかみ）とともに祀られることもある。

●**豊受毘賣神／豊受大神**（とようけひめのかみ／とようけのおおかみ）伊勢の神宮外宮に祀られる食べ物、産業の神。

●**譽田別命／品陀和気命**（ほんだわけのみこと）第15代応神天皇の別称で、全国の八幡神社の御祭神。国家鎮護、武門の神。八幡さま。

（注）日本神話の神様は「古事記」「日本書紀」によって表記が違ったり、解釈が異なったりする場合もあります。本書では各神社の由緒書きに基づき、読み方や御利益をまとめてあります。

道央の神社 15社

石狩八幡神社
岩見澤神社
札幌の神社 23社
（9 ページ～）
住吉神社
龍宮神社
（小樽市）
余市神社
倶知安神社
岩内神社
長沼神社
夕張神社
義經神
（平取
伊達神社
室蘭八幡宮
千歳神社
刈田神社
（登別市）
樽前山神社
（苫小牧市）

住吉神社

Sumiyoshi Jinja

歴史の豪商が名を連ねる小樽の住吉さん

住吉造の美しい社殿

坂のまち、小樽の神社はやはり坂の上がよく似合う。国道5号沿いに立つ一の鳥居から坂道と石段の参道が続く住吉神社は小樽築港を見下ろすように鎮座する。

小樽史上に名を残す豪商が奉納した鳥居や灯籠を一つ一つ眺めながら、息を切らして手水舎までたどり着いても、最後に25段の急な石段が待ち受ける。ここで参拝を諦めてしまうお年寄りもいるそうで、神社では鎮座150年の記念事業として、石段の勾配を緩やかにし、参道も歩きやすい石畳に替える工事を進めていた。

小樽市の歴史は安土桃山時代にさかのぼり、江戸時代に進められた場所請負制によって、商都の道を歩み始める。住吉神社は元治元年（1864年）、航海の安全や商業の神様である住吉三神を祀ったことを起源とし、墨江神社から現在の社名に変わったのは明治25年（1892年）のこと。現在地に移転したのはその6年後で、表参道より札幌側の急な坂道は社《やしろ》ケ丘の坂と呼ばれている。そして、社殿の背後の小高い丘には船上《ふなかみ》山とい

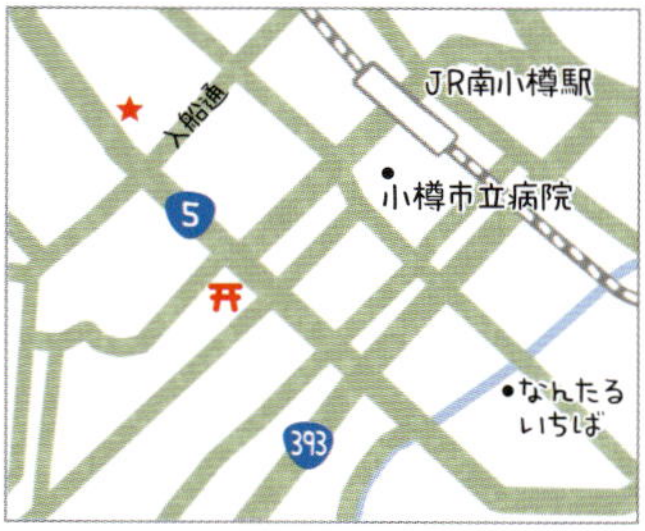

小樽市住ノ江2丁目5-1　TEL0134-23-0785
JR南小樽駅より徒歩約8分または小樽駅前より
中央バス・JR北海道バス「住吉神社前」下車すぐ
http://www.otarusumiyoshijinja.or.jp/

まもなく改修される急階段

う名があるそうで、観光ガイドにも載っていない話は実に興味深かった。
社殿は華やかな朱色と社紋入りの扉が印象的で、坂を上り切った安堵《あんど》感から、ゆっくり参拝をしたくなる。右側に続く神輿《みこし》蔵には百貫神輿を含む5基の神輿と貴重な馬車が納められ、事前にお願いすると、見学もできる。御朱印をいただきに向かった社務所は昭和9年（1934年）の建築で、小樽市指定歴史的建造物となっている。社務所としては道内最大級だそうで、この前で写真を撮る外国人旅行客の姿も見られた。帰りは坂道をゆっくり下り、南小樽の散策へと出掛けたい。

道内最大級の趣のある社務所

●御朱印

●御祭神
底筒男神（そこつつのおのかみ）
中筒男神（なかつつのおのかみ）
表筒男神（うわつつのおのかみ）
以上、住吉三神
息長帯姫命
（おきながたらしひめのみこと＝神功皇后）

●例祭日
7月15日

寄り道スポット　大八栗原蒲鉾店本店

住吉神社からはやや小樽駅寄りの入船十字街のすぐそば。神社の歴史には及ばないが、大正3年（1914年）創業のかまぼこ店として、今も昔ながらの製法を守り続けている。でんぷんを使わず、原料の魚の持ち味を存分に引き出したかまぼこは板付きや「大八」の焼き印が入った角焼き、イカつまみなど三十数種類。店頭での量り売りはおなじみの風景だ。

小樽市入船1丁目11-19　TEL0134-22-2566
http://www.dai8kurihara.net/

しめ縄も見事な社殿

龍宮神社

Ryugu Jinja

昇り龍のパワーみなぎる榎本武揚建立の神社

ＪＲ小樽駅に近い坂の上。幼稚園が隣接するのどかな境内だが、社殿に進むと、どこか、りりしさを感じる。境内に銅像が立つように、幕末から明治の歴史に名を残す榎本武揚が建立した神社として知られ、武揚直筆の「北海鎮護」の書や、有栖川宮殿下直筆の「龍宮殿」の額など、数々の社宝を見ることもできる。

近年は、昇り龍の御利益を授かろうと、全国から御朱印を求める参拝者が絶えない。平成20年の武揚没後１００年記念祭の直後、自民党幹事長だった麻生太郎氏が参拝に訪れ、その翌月に内閣総理大臣に就任したエピソードから、「天下取り神社」の異名も持つ。武揚率いる旧幕府軍と戦った新政府軍の要人、大久保利通の子孫である麻生氏は「１００年目の仲直り」と笑い、１本のオンコを植樹していったそうだ。

平成29年６月の例大祭には武揚のひ孫も参列し、榎本家に伝わる「流星刀」が寄贈された。武揚が鉄隕石《いんせき》で仕立てた貴重な刀で、龍宮神社にまた一つ、大きなパワーが加わった印象だ。

小樽市稲穂3丁目22-11
TEL0134-22-4268
JR小樽駅より徒歩約3分
http://dragonjinja.ec-net.jp/

●御朱印

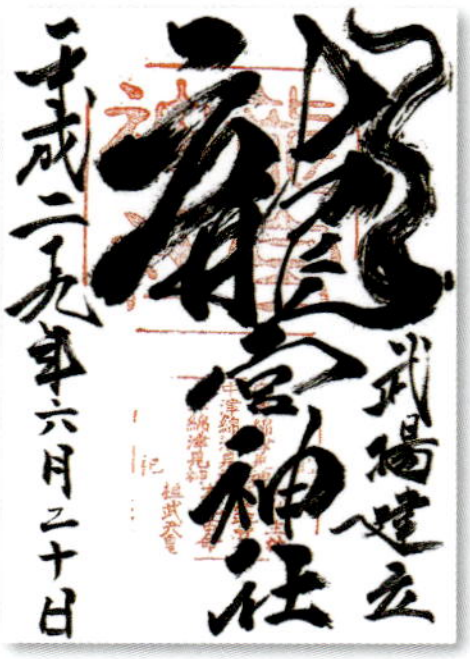

●御祭神

底津和田都美神（そこつわだつみのかみ）
中津和田都美神（なかつわだつみのかみ）
上津和田都美神（うわつわだつみのかみ）
豊受姫命（とようけひめのみこと）
大物主神（おおものぬしのかみ）
大毘古命（おおびこのみこと）
桓武天皇（かんむてんのう）

●例祭日

6月21日

余市神社

Yoichi Jinja

江戸末期から続く、幸福運巡りの古社

迫力ある姿の狛犬と社殿

余市港から少し離れた高台に鎮座する余市神社の創祀は、お稲荷さんを祀った文政10年（1827年）にさかのぼる。それより古い安永2年（1773年）には山碓《やまうす》稲荷を氏神とする漁場が開かれており、この山碓稲荷を合祀して、余市神社が誕生した。平成29年に創祀190年を迎えた由緒ある古社で、近年は観光協会が余市を「良い地」と表し、神社を含む町内の史跡巡りを勧めている。

石段を上り、余市港の景色を眺めて参拝すると、拝殿に「幸福運巡りマップ」とスタンプ用の紙が置かれている。余市神社の「よい」から始め、幸田露伴の碑、福原漁場、運上家・モイレ神社、三吉神社の順に回れば、「よい幸・福・運の三つの吉」がそろうというもの。複数の神様が祀られた余市神社を参拝し、さらに幸福運巡りを楽しんだ人から、宝くじの高額当選など、おめでたい報告が多数寄せられているそうだ。境内のフクロウの像や七福神の石碑、存在感ある一対の狛犬を目に焼き付け、良い地の神社を後にした。

余市町富沢町14丁目4
TEL0135-22-3840
JR余市駅より中央バス「富沢8丁目」下車、徒歩約12分

●御朱印

●御祭神

天照大神（あまてらすおおかみ）

保食神（うけもちのかみ）

大物主神（おおものぬしのかみ）

大己貴神（おおなむちのかみ）

少彦名神（すくなひこなのかみ）

●例祭日

6月10日

石狩八幡神社

Ishikari Hachiman Jinja

秋味のふるさと、石狩川河口左岸の古社

温泉や飲食店が集まる石狩市の観光スポットから、はまなすの丘公園に向かう道筋には二つの神社が立っている。弁天歴史公園の脇にあるのは石狩弁天社（見学は石狩観光協会に連絡）で、サケの豊漁・海上安全を願って、元禄7年（1694年）に建てられたもの。

御影石の歴史ある鳥居

そして、石狩川の河口に近い1社が石狩八幡神社だが、元々、この地は弁天社があった場所。函館八幡宮の末社として、石狩川右岸に勧請されたが、明治になって、町の中心地である対岸の弁天社の社殿を利用して移転した。御影石の鳥居は文化10年（1813年）に弁天社に奉納されたもので、鳥居に彫られた「秋味」の文字が、江戸時代からサケがアキアジと呼ばれていたことを証明している。

宮司が一人で奉仕する神社のため、祭祀に伴う留守も多く、御朱印は3度目の参拝でようやくいただけた。「古い印を使っているので、角が欠けてしまって」と、申し訳なさそうに笑う宮司に感謝し、弁天歴史公園へと向かった。

石狩市弁天町1
TEL0133-62-3006
札幌ターミナルより中央バス「石狩」下車、徒歩約10分

●御朱印

●御祭神

誉田別命
（ほんだわけのみこと）
倉稲魂命
（うがのみたまのみこと）

●例祭日

9月15日に最も近い日曜

千歳神社

Chitose Jinja

シコツの時代から続く道央屈指の古社

紅葉が映える社殿

千歳神社の参拝は千歳小学校を目指すと迷わない。一の鳥居は国道36号沿いの千歳川に架かる橋のほとり。その先に社務所や二の鳥居があり、両脇を樹木が覆う石段を上がると、ようやく社殿にたどり着く。「カーナビで真町の住所を入れると、社殿の裏に案内されてしまうのです」という神職の説明に境内の広さが伝わってきた。

道央屈指の歴史を誇る千歳神社の創祀は享和3年（1803年）。その145年前の万治元年（1658年）に弁天堂が建立されたことが、神社に関する最も古い記録として残っている。神社で作った「千歳神社絵巻物語」を読むと、神社やかつてはシコツと呼ばれていた千歳の歴史がよく分かり、その冊子を手に境内を巡ると、山神社や彦姫社などの境内社や石碑をくまなく見て歩くことができた。

御朱印に押された鶴のスタンプは市名の由来を表すもので、幸せな気持ちになる。石段の下には「幸井《さちい》の水」と名付けられた湧き水があり、水くみの人が絶えない。水筒に湧き水をいただくと、「鶴は千年、亀は万年」の故事が浮かび、ありがたさが倍になった。

境内にある「幸井の水」

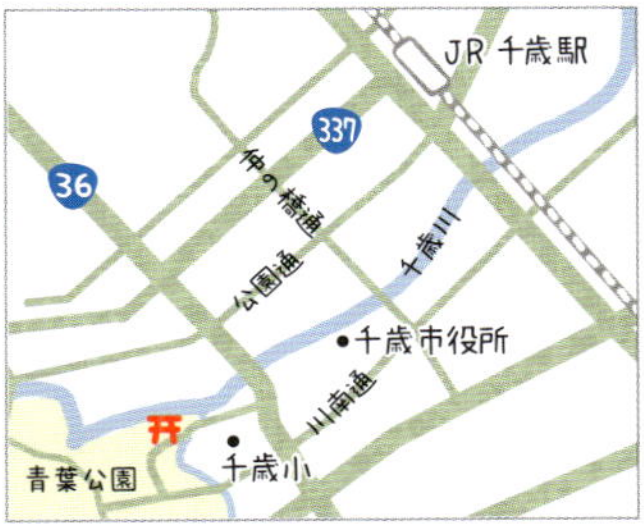

千歳市真町1（千歳市本町3丁目13）
TEL0123-23-2542
JR千歳駅より徒歩約20分

●御朱印

●御祭神

豊受姫大神
（とようけひめのおおかみ）

伊智伎志摩比売命
（いちきしまひめのみこと）

●例祭日

9月2日

岩見澤神社

Iwamizawa Jinja

歴史の重みを感じさせる狛犬や記念碑

国道12号から神社に向かう中央通に入ると、正面に高さ15㍍のモニュメント「和を捧ぐ」の塔が見える。そこは東山公園に隣接する鳩が丘記念緑地。一の鳥居の脇にある由緒書きにも、「鳩が丘鎮守」の記載がある。そして、御朱印に押されたスタンプをよく見ると、「鳩丘橋」の絵がデザインされていた。現在、神社の住所は条丁目に変わったが、岩見沢市民にとっては鳩が丘の神様として、歴史を重ねてきたことが分かる。その表れが狛犬や記念碑の数の多さだった。

正参道を進むと、狛犬と灯籠が代わる代わる立ち並び、風化しつつある狛犬の顔が哀愁を漂わせる。一対ずつ、顔をじっくりと見ながら、三の鳥居を抜けて境内へ。拝殿に取り付けられた鈴の緒は平成28年の創祀130年を記念して付け替えられたもので、小さな鈴が重なる音色が涼しげだった。

一方、駐車場への入り口にもなっている北参道はまた少し趣が異なり、参拝帰りはこちらの通りをお勧めしたい。正参

神明造の堂々とした社殿

大正2年奉納の狛犬

岩見沢市12条西1丁目3
TEL0126-22-0180
JR岩見沢駅より徒歩20分または
中央バス「市役所前」下車、徒歩2分

道の二の鳥居の手前を直角に曲がると、一直線に長い参道が伸びているのは元々、こちらが正参道で、社殿が東向きに立っていた時代があったからだそう。北参道には記念植樹のヒノキやヒバ、万葉歌碑や牛の像など、さまざまな記念碑やブロンズ製の狛犬もある。かつては樹齢800年のオンコの木がそびえていたが、台風で倒れてしまったそうで、新たに植えられたオンコがすくすくと育っていた。

岩戸神楽が披露される秋の例祭は空知管内屈指の規模で、神輿《みこし》渡御には各地から400人もの担ぎ手が集まるという。普段は静かな神社を後にし、次回はぜひ、お祭りに、と思った。

一の鳥居の正参道

●御朱印

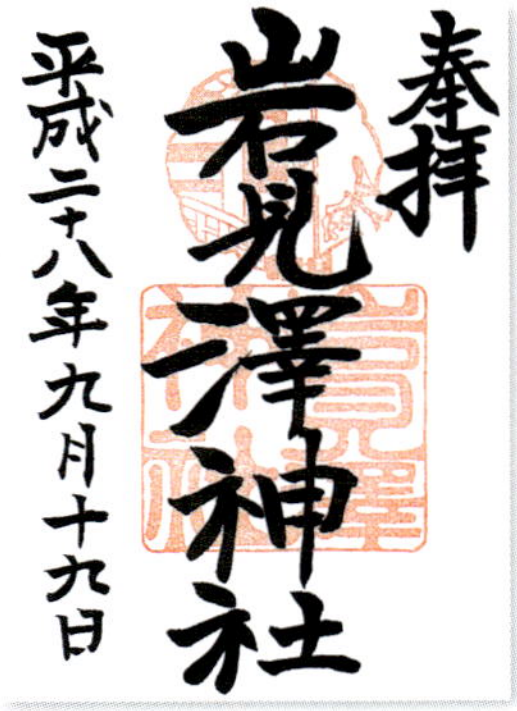

●御祭神

天照大神（あまてらすおおかみ）

大己貴神（おおなむちのかみ）

●例祭日

9月15日

寄り道スポット　喫茶タッチ

神社の北参道から東山公園通を進み、駅前通を歩けば10分ほど。和服姿がよく似合うオーナー梅谷眞由美さんは地元で評判の“縁結びの女神様”。年に3回、店内で開催しているお見合いパーティーでゴールインしたカップルは25年間で50組以上。卵がとろとろのオムライスは種類も豊富で、自家製デミグラスソースを生かした「縁結びまんじゅう」は地方発送もしている。

岩見沢市春日町1丁目2-4　TEL0126-22-9671

http://omurice-touch.com/

長沼神社

Naganuma Jinja

野鳥の声が響く、自然豊かな鎮守の森

平成26年に修復された社殿

札幌から国道274号で長沼町に向かうと、馬追運河が長沼神社へと導いてくれる。一の鳥居の向かい側には長沼土地改良区記念公園があり、農業用水を守るための水神宮が立つ。明治29年（1896年）に竣工《しゅんこう》した馬追運河は北海道の三大運河の一つとして歴史的価値が高く、交差点に架かる赤い欄干の橋は神社橋の名が付いていた。

長沼神社は明治33年（1900年）、運河開削の工事人が建てた小さな祠《ほこら》を起源とする。大正2年（1913年）には当時の札幌神社（現北海道神宮）から分霊をいただき、原野だった現在地に社殿を建てた。3基の鳥居をくぐり、社殿まで続く参道は今でも自然豊かな鎮守の森で、御神木のイチイをはじめ約60種類の樹木の中に野鳥の声が響いていた。

平成26年に迎えた鎮座100年に社殿の修復や駐車場の整備などが行われ、記念誌が発刊されている。「当社の歴史はこちらをご覧ください」と記念誌を差し出した宮司は4代目。恐らく道内では最も若い20代の宮司とともに、長沼神社の新たな歴史が刻まれていくことだろう。

長沼町宮下2丁目11　TEL01238-8-2504
大谷地バスターミナルよりJR北海道バス
または夕鉄バス「中央長沼」下車、
徒歩約10分

●御朱印

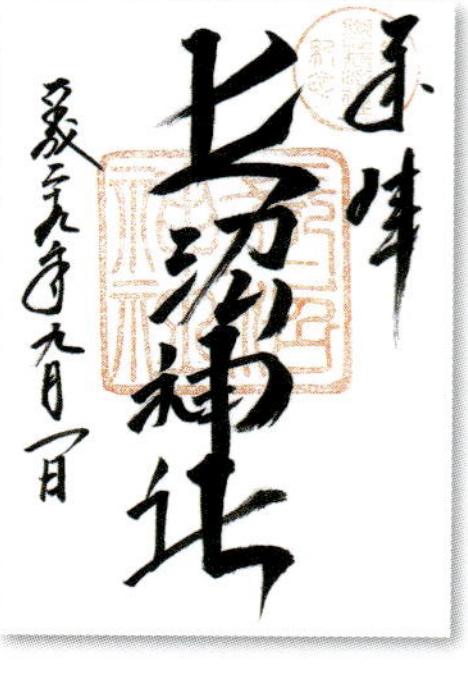

●御祭神

大國魂神
（おおくにたまのかみ）

大己貴神
（おおなむちのかみ）

少彦名神
（すくなひこなのかみ）

●例祭日

9月15日

夕張神社

Yubari Jinja

炭鉱の歴史と歩んだ軍艦ゆかりの神社

鳥居の先から一直線に伸びる、傾斜のきつい石段を上る。途中、いかめしい顔つきの狛犬の辺りで立ち止まり、振り返ると、「石炭の歴史村」の鉄塔の姿に複雑な思いがよぎる。視線を上に戻すと、見えてくるのは「夕張神社」の社号額。幕末から明治にかけての英雄、東郷平八郎侯爵の直筆の書を木彫りにしたもので、縦書き、横書き二つの書は市の指定文化財として社殿内に飾られている。

良質な石炭の産地だったこの地に神社を創立したのは北炭夕張で、当時は炭鉱関係者のためだけに祭祀が行われていた。昭和の大戦中には軍艦夕張の船内に分霊が祀られ、艦隊神社として、乗組員の心のよりどころになっていたという。

北炭夕張の撤退後、神職不在だった夕張神社にあらためて宮司が常駐するようになって二十数年。炭鉱と大戦に深い関わりを持つ神社の歩みを丁寧に話してくれた宮司の御朱印は、筆入れの文字が社号額の「夕張」に似ているようで、ありがたかった。

階段の先に見える社殿

東郷平八郎直筆の社号額

夕張市住初6　TEL0123-52-2339
JR夕張駅より徒歩約30分または
夕鉄本社バスターミナルより
夕鉄バス「花畑牧場前」下車、徒歩約5分

●御朱印

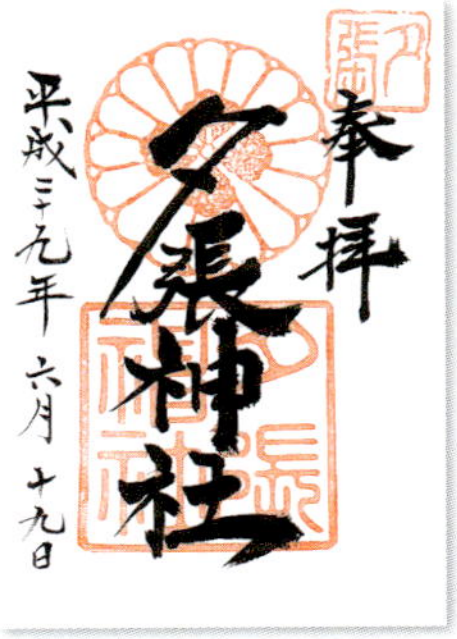

●御祭神

大山津見神
（おおやまづみのかみ）

廉屋野比賣神
（かやぬひめのかみ）

大國主神
（おおくにぬしのかみ）

菅原道真公
（すがわらみちざねこう）

●例祭日

5月12日
（神輿渡御は5月第3日曜）

羊蹄山に向かって立つ社殿

倶知安神社

Kutchan Jinja

日本書紀にもつながる秀峰羊蹄山の鎮守

ほぼ円すい形の均整の取れた姿から、蝦夷《えぞ》富士と称される羊蹄山。この名の由来は日本書紀に登場する「後方羊蹄《しりべし》」で、ここから地域名の後志と後方羊蹄山の名が付いたと知ったのは、社務所での宮司の話からだった。日本書紀には、7世紀中期の史実に残る安倍（阿倍ともいう）比羅夫将軍が後方羊蹄に、今でいう役所を設けたという記述もあり、倶知安神社の御祭神の一柱として合祀されている。神社と町の長い歴史に思いが及んだ。

社殿へは正面の石段か、車も通ることができる坂道がある。入植者らが明治29年（1896年）に八幡さまを祀って以来、長く八幡神社と呼ばれていた社名が、倶知安神社に改称されたのは昭和41年のこと。境内社の蝦夷富士羊蹄山神社は登山者の安全を見守るために設置されたもので、坂道を下っていくと、木々の間から稜線が見える。向かいの農村公園から眺める羊蹄山は春を迎えて、穏やかだった。

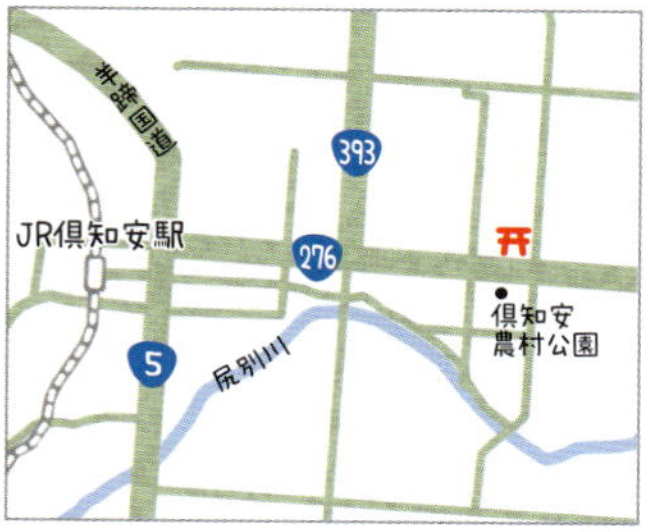

倶知安町八幡476
TEL0136-22-0666
JR倶知安駅より道南バス「保育所前」下車すぐ

●御朱印

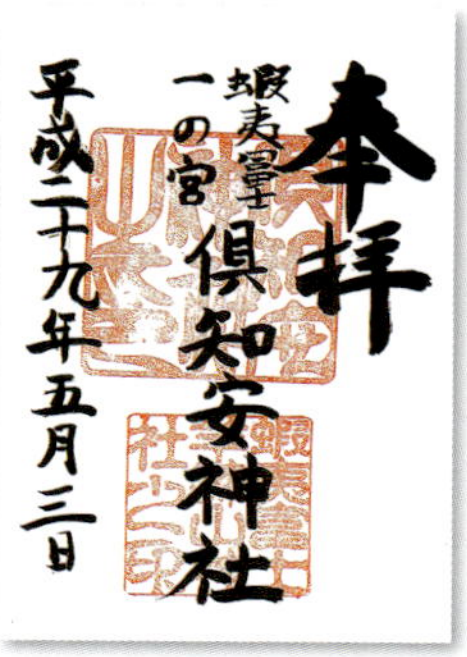

●御祭神

誉田別尊（ほんだわけのみこと）
安倍比羅夫将軍（あべのひらふしょうぐん）
天照大御神（あまてらすおおみかみ）
大山祇神（おおやまつみのかみ）
保食神（うけもちのかみ）
菅原道真公（すがわらみちざねこう）
大国主命（おおくにぬしのみこと）
事代主神（ことしろぬしのかみ）
天之鈿女命（あめのうずめのみこと）
大山咋神（おおやまくいのかみ）

●例祭日

7月28日

岩内神社

Iwanai Jinja

桜並木の参道と勇壮な夏の例大祭

風格を感じさせる神明造の社殿

国道229号からまっすぐに伸びる一の鳥居の先は、住宅地の中を通る桜並木の参道として知られている。神社の背後にそびえる岩内岳は山頂に残雪を抱き、桜とのコントラストがすがすがしい。小さな川に架かる橋を渡ると、こけむす岩に竹筒から水が流れる手水舎があり、数十段の石段を上ると、広々とした境内が目の前に開けた。近くに高校があり、訪れたのが5月の連休だったせいか、境内には若者の姿が多く、ほほえましかった。

近隣での火災により、昭和46年に建て替えられた社殿は堂々とした姿で立ち、拝殿へ続く参道もゆったりと広い。御祭神の一柱は八幡さまと親しまれる誉田別尊。絵馬掛けには武芸、武術の御利益を授かろうとする、願い事が見られた。

3日間にわたって繰り広げられる例大祭は18世紀末の寛政年間に創祀されて以来の歴史を誇り、2基の神輿《みこし》と町の無形民俗文化財に指定された「赤坂奴《やっこ》」の行列が町中を練り歩く。海上渡御も行われる勇壮な祭りは岩内に夏の訪れを告げる一大イベントとなっている。

岩内岳を望む参道

岩内町宮園41
TEL0135-62-0143
中央バス「岩内バスターミナル」より
徒歩約10分

●御朱印

●御祭神

誉田別尊
（ほんだわけのみこと＝第15代応神天皇）

市岐島比売神
（いちきしまひめのかみ）

保食神（うけもちのかみ）

●例祭日

7月8日

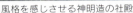

樽前山神社

Tarumaesan Jinja

大鳥居と華やかな社殿の苫小牧総鎮守

華やかで、美しい社殿

高さ15㍍の朱色の大鳥居をくぐると、見晴らしのいい境内に心が躍らされる。

やはり、神社の朱色には大きなパワーがあるのだろう。海岸近くから、この高丘の地に移り、平成4年に造営された社殿も朱色の柱と緑の屋根が華やかで、広々とした石畳の参道を歩くと、おおらかな気持ちになる。

拝殿の横には大きな絵馬が置かれ、ここで記念写真を撮る参拝客の姿はほほ笑ましい。苫小牧総鎮守でありながら、社名が「樽前山」なのは、古くから霊峰としてあがめられ、山麓に建てられた小さな祠《ほこら》が神社の起源であることに由来する。

お参りを済ませたら、境内に5社ある末社も参拝したい。拝殿から左手に進み、まずは「福」と彫られた「圓満石《えんまんいし》」をなでる。続いて、学問の神が祀られた樽前天満宮で、牛の頭を優しくなでる。赤い祠の稲荷社では、険しくも愛嬌《あいきょう》たっぷりの神狐《しんこ》と目を合わせた。

駐車場近くの手水舎の後ろには、水をかけると願いがかなう「かえるさん」と、でっぷりとしたおなかの布袋さん、

ホッキ貝の
ご当地おみくじ

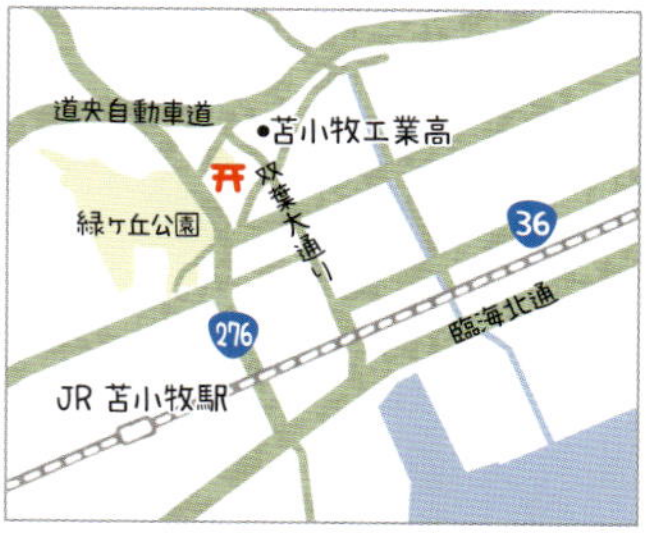

苫小牧市高丘6-49　TEL0144-36-6661
JR苫小牧駅バスターミナルより
道南バス「工業高校」下車、徒歩約5分
http://www.tarumaesanjinja.com/

手水舎近くの布袋さん

さらに、少し離れた場所には聖徳神社があり、それぞれに異なる御利益を存分にいただいた。
　社殿が印刷されたオリジナルの御朱印帳は一般的なサイズよりやや大きめで、デザインも華やか。社務所には祈願の際に神楽を舞う巫女《みこ》が常駐しているため、神職不在時でも筆入れのない御朱印はいただける。ご当地おみくじの授与も始まり、張り子のホッキ貝には「貝運　一念発起」の文字。新たな苫小牧名物になりそうだ。

駐車場から望む大鳥居

●御朱印

●御祭神
大山津見神（おほやまつみのかみ）
久久能智神（くくのちのかみ）
鹿屋野比賣神（かやのひめのかみ）

●例祭日
7月15日

寄り道スポット 樽前山神社奥宮

樽前山7合目ヒュッテから、東山コースの登山道を約1時間。森林限界点を過ぎ、外輪山取り付けまで登ると、岩肌から白煙を上げる溶岩ドームが現れる。万里の長城とも呼ばれる左手の尾根の先に見えるのが樽前山神社奥宮。風雪に耐えて立つ鳥居の先の洞窟の中に祭壇があり、山の平穏や登山客の安全を祈っている。毎年6月12日が山開き祭、10月12日が山納め祭。

樽前山東山山頂付近

室蘭八幡宮

Muroran Hachimangu

台湾ヒノキの香りが漂う荘厳な社殿

測量山から室蘭のまちを見守る鯨八幡

室蘭の展望スポット、測量山。室蘭八幡宮はこの測量山の麓の標高50㍍地点に位置する。一の鳥居は通称札幌通りと呼ばれる室蘭中央通にあるが、ここから石段を上るにはかなりの覚悟が必要だ。石段としては道内随一とされる207段。手すりを頼りに境内を目指すと、頂上に立つ白く、美しい鳥居に目を奪われる。手水舎で息を整え、最後の階段を上った先に見えてくるのは、権現造の荘厳な社殿で、感慨もひとしおだった。

創祀は明治元年（1868年）で、現在地に移転したのはその8年後。社殿造営のために氏子たちが費用を出し合ったものの、当時300円の造営費用は大きな負担だった。その時、噴火湾に現れたのが一頭の鯨《くじら》。当時は高価な鯨の油を必要としていた開拓使がこれを150円で引き取り、社殿を建てることができたことから、「鯨八幡」の愛称が付いたそうだ。御朱印には「室蘭八幡宮」と「北海道室蘭市・参拝記念」の印が押され、「鯨八幡」の筆入れがこのエピソードを物語っている。

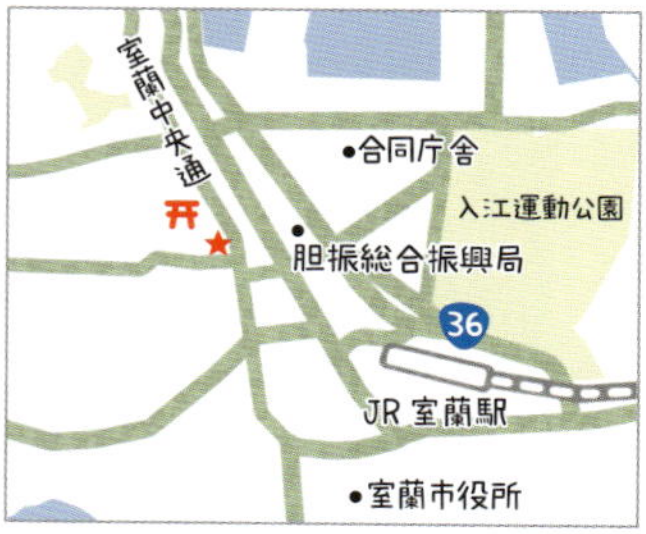

室蘭市海岸町2丁目9-3
TEL0143-22-2428
JR室蘭駅より徒歩約10分

社殿前の最後の階段と鳥居

郵 便 は が き

料金受取人払郵便

札幌中央局
承　　　認

2454

差出有効期間
2021年12月
31日まで
(切手不要)

0 6 0 - 8 7 5 1

８０１

(受取人)
札幌市中央区大通西3丁目6
北海道新聞社 出版センター
愛読者係
行

お名前	フリガナ			
ご住所	〒□□□-□□□□　　都道府県			
電話番号	市外局番（　　　） —	年齢	職業	
Eメールアドレス				
読書傾向	①山　②歴史・文化　③社会・教養　④政治・経済 ⑤科学　⑥芸術　⑦建築　⑧紀行　⑨スポーツ　⑩料理 ⑪健康　⑫アウトドア　⑬その他（　　　）			

★ご記入いただいた個人情報は、愛読者管理にのみ利用いたします。

愛読者カード

御朱印帳とめぐる北海道の神社70

本書をお買い上げくださいましてありがとうございました。内容、デザインなどについてのご感想、ご意見をホームページ「北海道新聞社の本」https://shopping.hokkaido-np.co.jp/book/の本書のレビュー欄にお書き込みください。

このカードをご利用の場合は、下の欄にご記入のうえ、お送りください。今後の編集資料として活用させていただきます。

〈本書ならびに当社刊行物へのご意見やご希望など〉

■ご感想などを新聞やホームページなどに匿名で掲載させていただいてもよろしいですか。（はい　いいえ）

■この本のおすすめレベルに丸をつけてください。

高（　5・4・3・2・1　）低

〈お買い上げの書店名〉

都道府県　　市区町村　　書店

北海道新聞社 出版センター　〒060-8711 札幌市中央区大通西3丁目6
電話／011-210-5744　FAX／011-232-1630　受付 9:30～17:30(平日)
E-mail／pubeigyo@hokkaido-np.co.jp

現在の社殿は昭和13年（1938年）に建て替えられたもので、拝殿に一歩、入ったところにさい銭箱があり、台湾ヒノキの香りが厳粛な気持ちにさせてくれる。拝殿を出て、駐車場のある裏手に進むと、流造の本殿の造作を見ることもでき、ありがたい気持ちになる。境内社の室蘭三吉神社を参拝し、境内にある銅像や室蘭招魂社、大正天皇と昭和天皇が皇太子時代に植えられた松の枝振りなどを見て歩く。あの石段を上ってきただけに、すぐには去りたくないと思ってしまった。

帰りは両脇に住宅が迫る南参道を下りてみた。一直線の階段が156段。合計363段の参拝は実にすがすがしかった。

南参道の急な階段

●御朱印

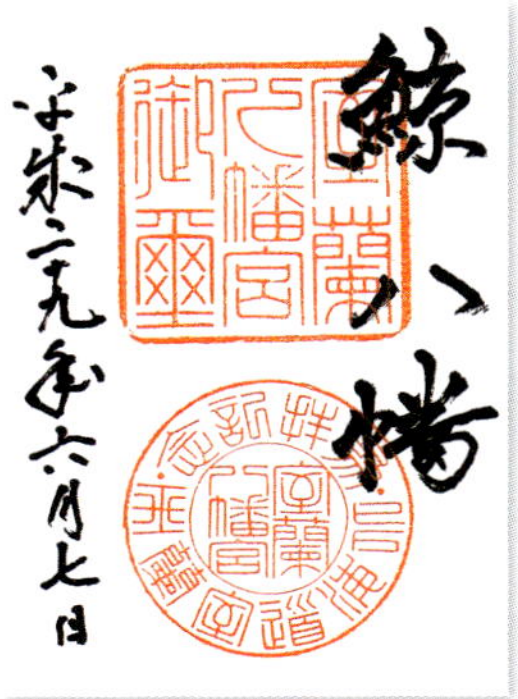

●御祭神

誉田別尊（ほんだわけのみこと）

保食神（うけもちのかみ）

琴平神（ことひらのかみ）

●例祭日

8月15日

寄り道スポット 松そば

室蘭の繁華街、通称浜町小路の角で、早朝から賑わう立ち食いそばの店。カウンターには天ぷらやいなり寿司などが並び、中でも目に付くのが紅ショウガのかき揚げ。そばやうどんに載せて食べると、ピリッとした辛さが癖になる。だしはもちろん、おにぎり一つでも手作りにこだわる店主の松岸卓弥さん、ひろ子さん夫妻の笑顔の接客も心地よく、早朝の参拝帰りにも気軽に立ち寄れる。

室蘭市中央町1丁目2-5　北拓第1ビル1Ｆ
TEL0143-24-8080

伊達神社

Date Jinja

伊達の歴史とともに歩む〝鹿嶋さん〟

珍しい配置の狛犬と木造の社殿

磐城国亘理《いわきのくにわたり》郡（現宮城県亘理郡）の旧藩主、伊達邦成《くにしげ》らによって開かれた伊達市。明治2年（1869年）9月の入地から7年後に開拓の守護神として、邦成の故郷に鎮座する鹿嶋天足和気《あまたりわけ》神社の分霊を祀ったことが伊達神社の創祀である。当時の社名は、鹿嶋國足《くにたらし》神社。昭和47年に現社名に変わってからまだ50年に満たないため、地元では今でも「鹿嶋さん」の愛称で親しまれている。御朱印にも「旧称　鹿嶋國足神社」と筆入れされ、神社の歴史が一目で分かる。

境内は数度の移転の後、現在地に落ち着いたが、木造の社殿は大正8年（1919年）の造営当時の趣を残す。社殿の前の狛犬は2対4体が並行して置かれ、左右が綱引きをしているように見える。狛犬の研究家も珍しいという配置だが、それだけでなく、今にも飛びかかってきそうな造形も迫力があり、しばし見とれてしまうほど。普段は静かな境内だが、秋の例大祭はにぎやかで、甲冑《かっちゅう》武者の騎馬行列は見どころの一つ。鹿嶋ゆかりの仙台神楽も奉納されるなど、神社の歴史と文化が脈々と受け継がれている。

伊達市末永町24-1
TEL0142-23-3585
JR伊達紋別駅より徒歩約20分

●御朱印

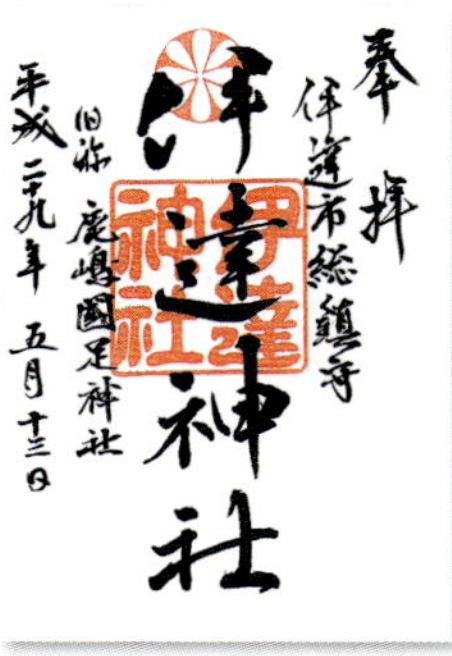

●御祭神

武甕槌命（たけみかづちのみこと）
経津主命（ふつぬしのみこと）
幸御魂命（さちみたまのみこと）
伊達邦成命（だてくにしげのみこと）
田村顯允命（たむらあきまさのみこと）

●例祭日

9月15日

手入れの行き届いた境内と社殿

刈田神社

Katta Jinja

平安に始まり、四国とも通ずる登別の鎮守

社名の読み方は「かった」。「地元の人でも、『かりた』だと思っている方がいます」と宮司に言われ、まずは社名を頭にたたき込む。創祀は定かではないが、平安時代に和人が建てた祠《ほこら》が起源という伝承がある。刈田の社名は明治3年（1870年）に宮城県の古社、刈田嶺《かったみね》神社の御祭神を合祀したことに由来するそうだ。

境内は隅々まで手入れが行き届いた美しい庭園で、神門を抜けると、香川県から幌別（現登別市）へ移住してきた人々の行程や、その移住者が故郷の金刀比羅宮に奉納した「開拓の絵馬」の説明書きがある。この絵馬は現在、国の重要有形民俗文化財となっているが、こちらの社殿内にも実物大の複製が掲げられている。

境内社の三貴子《さんきし》神社と大山祇《おおやまつみ》神社、縁結びの岩やぎょろりとした目の狛犬などをお参りしながら社務所に行くと、立派な神輿《みこし》が展示されていた。「地域のために」と奉納したのは野口観光の創業者、野口秀次さん。神輿の完成を見ずして逝ったエピソードを知り、帰りは温泉街まで足を伸ばしたくなった。

境内社の狛犬

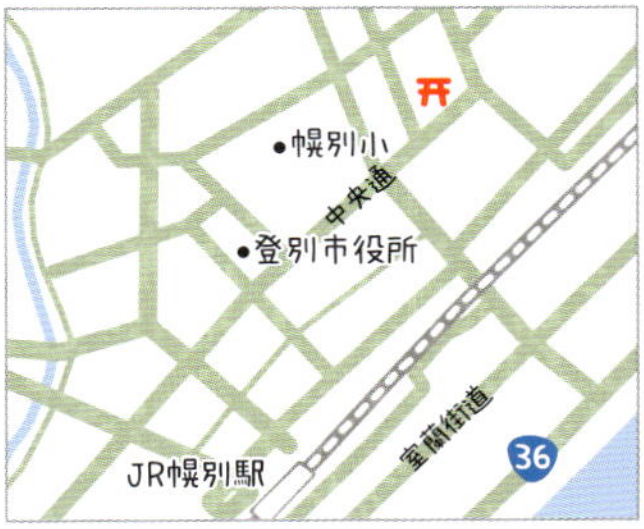

登別市中央町6丁目24
TEL0143-85-2460
JR幌別駅より徒歩約10分
https://kattajinja.jimdo.com/

●御朱印

●御祭神
保食神（うけもちのかみ）
大物主神
（おおものぬしのかみ）
日本武尊
（やまとたけるのみこと）

●例祭日
8月23日

義經神社

Yoshitsune Jinja

義経伝説が宿る馬産地、平取の神社

義経伝説の丘に立つ社殿

平取町の市街地に入ると、あちこちに義経伝説の看板が立ち、「義経通り」の旗が揺れている。平安時代末期の武将、源義経の伝説が伝わる場所は日本各地に100以上も存在するが、義経の社名を付け、神職が常駐する神社はここ1社。文治5年（1189年）に岩手県平泉で自害したとされる義経が600年以上の時を経て、沙流川の断崖ハヨピラの地に御祭神として祀られたことが起源であり、寛政11年（1799年）に探検家の近藤重蔵らが寄進した義経の木像も安置されている。

　カーナビに導かれると、狭い坂道を上り、駐車場に着いてしまうが、参拝は市街地から国道237号へ抜ける通りに立つ鳥居から入りたい。見上げるほどの急な階段を前にすると、合戦に挑む気持ちになると言ったら大げさだろうか。階段を上り切ると、右手に樹齢600年とされる御神木が立つが、平取のアイヌ民族と衣食を共にした義経が特に好んだ栗の木という伝説がある。

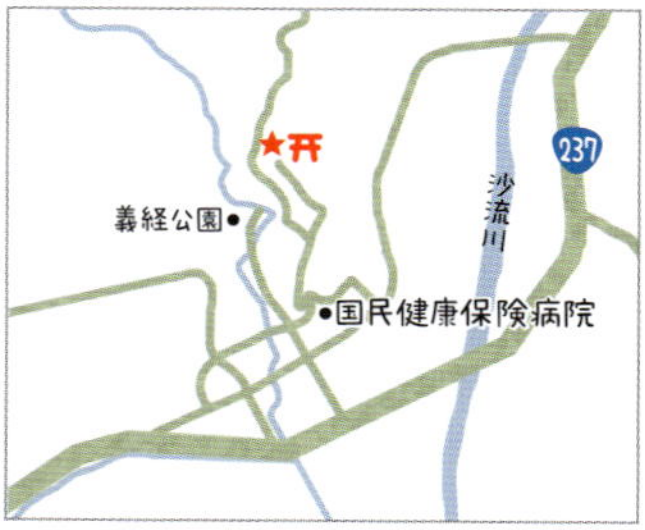

平取町本町119-1
TEL01457-2-2432
JR富川駅より道南バス「平取」下車、
徒歩約15分

巨岩の手水舎

参道の両脇を埋めるのは風に揺れるのぼりの数々。競走馬や牧場名が連なるのは馬産地ならではで、毎年2月には馬の背から破魔矢を放つ初午《はつうま》祭が執り行われる。深い森を背にする社殿は重厚な存在感を漂わせ、屋根の形状が美しい。社殿の左手には義経が愛した2人の女性、常磐御前、静御前の石碑も立ち、義経伝説の足跡をたどる参拝客が全国から訪れている。

　義経の生前の功績から願望成就、戦勝の御神徳があるとされ、御朱印には「危難防除」と記されている。新月の日には御祭神の前にお供えした塩をさらに清めて、御神塩として授与している。背筋がピンと伸び、力を授かった気がした。

正参道の入り口の一の鳥居

●御朱印

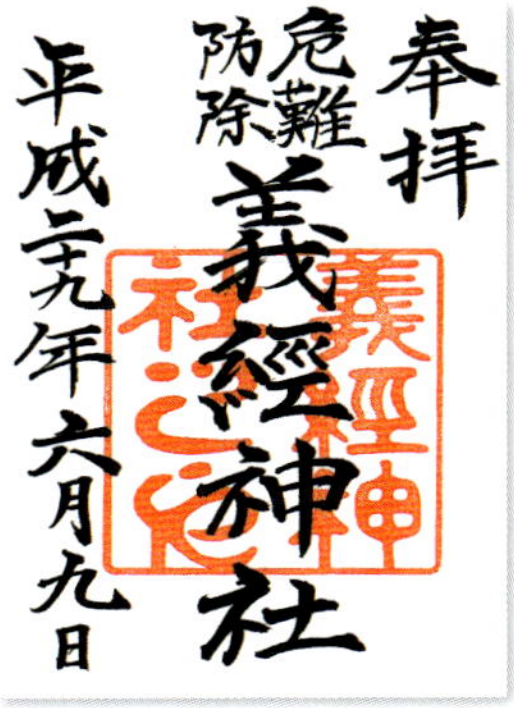

●御祭神
源九郎判官義經公
（みなもとのくろうはんがんよしつねこう）

●例祭日
8月15日

寄り道スポット　義経資料館

　源義経にまつわる数々の資料が展示された資料館で、靴を脱ぎ、順路に沿って歩くと、伝説と現実が入り交じるような錯覚を覚える。源氏の家紋が入った太刀や甲冑《かっちゅう》、昭和4年（1929年）に奉納された神輿《みこし》や錦絵などのほか、義経伝説に関する新聞記事などの資料もあり、その一つ一つが興味深い。入館料は大人200円、12月から翌4月の見学は事前に連絡を。

義經神社　社務所横
TEL01457-3-7703（平取町観光協会）

北海道の狛犬ギャラリー

参道や社殿の前に置かれている狛犬は邪気を払い、神前を守る役目を持つ獅子形の像。中国から朝鮮半島の高麗を経て、日本に伝わったことから「高麗《こま》犬」と呼ばれるようになった。必ず一対で置かれ、一般的には拝殿に向かって右が口を開けた「阿形《あぎょう》」、左が口を閉じた「吽形《うんぎょう》」という配置だが、その逆もある。石製やブロンズ製など材質の違い、大きさなど、彫刻作品として眺めるのも楽しい狛犬。自分のお気に入りの狛犬に会いに行ってみてはいかが。

室蘭八幡宮(室蘭市)
明治44年(1911年)7月建立。牙をむき、いかつい顔をしているが、垂れた耳が髪形のようで愛らしい。

岩見澤神社(岩見沢市)
軟石の狛犬が数多く並ぶ岩見澤神社の中で、ひときわ目立つブロンズ製の狛犬。昭和47年奉納。

北海道神宮頓宮(札幌市中央区)
平成6年に奉納された狛犬は右側の阿形に触れると、縁結び、恋愛成就に御利益があると評判。

大森稲荷神社(函館市)
お稲荷さんの御神使、狐の像。大きな玉(まり)を抱き、赤いほっかむりでおしゃれをしている。

石山神社(札幌市南区)
札幌軟石の産地だけに社殿前の狛犬も軟石製で明治33年(1900年)8月建立。後姿も造形が見事だ。

湯倉神社(函館市)
平成16年の350年祭記念に奉納された真新しい狛犬。阿形は玉、吽形は子を抱いている。

函館八幡宮(函館市)
社殿の前に置かれ、台座を含めた大きさや胸板の厚さに圧倒される狛犬はよく見ると、左右とも雄であることが分かる。大正11年(1922年)奉納。
※実際は社殿に向かって右が阿形、左が吽形の配置になっています。

鳥取神社(釧路市)
道内ではただ一対と思われる備前焼の狛犬。大正12年(1923年)の奉納で、岡山県伊部町の窯元で焼かれたもの。金網で大切に守られている。

道南の神社 11社

飯生神社
（長万部町）
函館八幡宮
湯倉神社
函館護國神社
山上大神宮
船魂神社
大森稲荷神社
（函館市）
姥神大神宮
（江差町）
上ノ國八幡宮
福島大神宮
松前神社

函館山を背にして立つ荘厳な社殿

函館八幡宮

Hakodate Hachimangu

国内唯一の建築様式を誇る函館の総鎮守

函館市電谷地頭行きの終点。函館八幡宮の参道はこの電停から始まり、遠くからでも長い石段と鳥居が目に入る。境内までの石段は134段。一歩一歩、踏みしめて行くと、函館山の木々に抱かれた美しい社殿が見えてくる。

室町時代の文安2年（1445年）を創祀とする函館八幡宮。「森厳にして優雅」と称される社殿にしばし目を奪われる。拝殿と本殿、それを結ぶ幣殿《へいでん》が違った様式で建てられているにもかかわらず、流れるような一体感を持ち、大正4年（1915年）の完成から100年を経過しても、重厚な輝きを放つ。専門的には日吉《ひえ》造（聖帝《しょうてい》造）と権現造を併せた「聖帝八棟造」と呼ぶそうで、日本で唯一の神社の建築様式として、参拝者を魅了している。拝殿の前に置かれた狛犬も社殿に負けない存在感があり、前足をすっと伸ばした姿が勇ましい。函館市有形文化財（工芸）の指定を受けた、明治27年（1894年）制作の大神輿《みこし》も展示され、高い工芸技術を観賞できる。

函館市谷地頭町2-5
TEL0138-22-3636
函館市電「谷地頭」より徒歩約5分

長い石段の上に見える鳥居

函館山を背にする境内は、言うまでもなく自然の宝庫。社務所の横で咲く「延命の桜」は平成16年の台風被害に耐えた小枝が育ち、春にはかれんな花を付ける。そこから裏参道へ向かい、お寺の脇を通って、山道を登った先に現れるのは巨大な「碧血碑《へっけつひ》」。戊辰戦争で命を落とした旧幕府軍の慰霊碑で、さすがにここは空気が違っていた。

御朱印には「函館総鎮守」の印が押され、木製カバーの御朱印帳も授与している。境内社のお稲荷さんや御神木などを見て回るといつの間にか長い時間がたっていた。帰り際、再び美しい社殿に一礼し、函館訪問の際は、必ず参拝に訪れたいと思った。

かれんに咲く延命の桜

●御朱印

●御祭神
品陀和気命（ほんだわけのみこと）
住吉大神（すみよしのおおかみ）
金刀比羅大神（ことひらのおおかみ）

●例祭日
8月15日

寄り道スポット 谷地頭温泉

函館市民の公衆浴場であり、観光名所。函館八幡宮からは徒歩3分ほどで着く。湯が発見されたのは明治15年（1882年）。長く市営の施設だったが、平成25年4月に民営となった。鉄分を多く含んだ源泉が、酸化によって茶褐色に濁って見えるのが特徴で、湯温の異なる内風呂と五稜郭跡をかたどった星形の露天風呂が人気。朝6時から入浴でき、大人430円。第2火曜休館（第4火曜は不定休）。

函館市谷地頭町20-7　TEL0138-22-8371

春の桜も美しい境内

湯倉神社

Yukura Jinja

温泉を守り、御利益にあふれた湯川の鎮守

道南屈指の温泉街、湯の川温泉は湯倉神社辺りが発祥の地といわれている。石段の上の赤い鳥居を目指す前に、温泉発祥の記念碑とその脇にそびえるイチョウの大木を眺めて、境内へと向かいたい。秋にはたわわに実をつける「結びの銀杏《イチョウ》」は実を結ぶ、縁を結ぶ霊木として、親しまれている。湯倉神社の参拝はいつものどかで、あたたかい。

参拝は手水舎から、勇ましい姿の狛犬の前を通って、拝殿へ。その手前には樹齢370年を超える御神木のイチイがあり、函館市の保存樹として、大切にされている。境内にはほかにもハルニレやクロマツ、イタヤカエデなどの保存樹があり、春の桜も見事な枝振りだった。

参拝を済ませたら、そのまま右手に進み、「なでうさぎ」の頭をなでる。御祭神である大己貴神、またの名を大国さまが登場する神話「因幡の白うさぎ」にちなんで設置したもので、心優しい大国さまの御神徳をありがたく頂戴した。その横の神輿《みこし》殿に置かれた大小二つの小づち

函館市湯川町2丁目28-1
TEL0138-57-8282
函館市電「湯の川」よりすぐ
http://www.yukurajinja.or.jp/

「なでうさぎ」の像

は、小さい方を振ると健康長寿、ずっしりと重たい方を振ると開運の御利益があるそうだ。

授与所には湯倉神社オリジナルのお守りも多く、どれにしようか、迷う参拝客の姿もほほえましい。イチョウの葉をかたどった「長寿銀杏鈴守」や、何があっても大丈夫な「大丈夫御守」などに加え、道内数社で考案したご当地おみくじも登場した。張り子のイカを釣り上げれば、北海道弁で書かれたみくじ紙が収められており、その名も「函館イカすおみくじ」。訪れるたびにイカ釣りで運試しをするのも楽しそうだ。

釣りざおで引く函館イカすおみくじ

●御朱印

●御祭神

大己貴神（おおなむちのかみ）

少彦名神（すくなひこなのかみ）

倉稲魂神（うがのみたまのかみ）

●例祭日

9月8日

寄り道スポット 湯の川温泉足湯「湯巡り舞台」

湯倉神社とは切っても切れない縁を持つ湯の川温泉。1日7千㌧もの豊富な湯量を誇り、海岸線から函館市電のエリアに大小のホテルや旅館が立ち並ぶ。神社から1駅隣の湯の川温泉電停前には無料開放の足湯があり、散策途中に気軽に立ち寄ることができる。利用は朝9時から夜9時まで。足を拭くタオルは持参した方がいい。

函館市湯川町1丁目16-5

TEL0138-57-8988（函館湯の川温泉旅館協同組合）

http://hakodate-yunokawa.jp/

函館護國神社

Hakodate Gokoku Jinja

幸せを運ぶふくろうと、縁結びを願う神社

紅葉に映える荘厳な社殿

函館観光のメインスポット元町。高田屋通から続く護国神社坂を見上げると、朱色の鳥居が遠くからでも目に入る。階段を上り、鳥居の下で振り返ると、函館の街並みと青い海がまぶしかった。

明治2年（1869年）に終結した箱館戦争から太平洋戦争に至る道南地方の戦没者を祀る函館護國神社。独身のまま戦死した若い兵士たちを、現代の若者に慰めてほしいという神社の思いが口コミなどで広まり、近年は縁結びの神社として、若い男女の参拝者が目立つようになったそうだ。

授与所での人気は和紙で作られたふくろう守。20種類ほどの柄の和紙を組み合わせて、一体一体、手作りされたものだそうで、「不苦労」と「福朗」の文字を見ると、肌身離さず持っていたくなる。

御影石で作られた「なでふくろう」の像も珍しく、なでると幸運が訪れるといわれている。

流れるような屋根の形状が美しい社殿は昭和17年（1942年）の造営から修復を重ねながら、荘厳さを保っている。社殿から右手に進むと、箱館戦争の新政府軍の墓があり、こちらのお参りも忘れずに済ませたい。

ふくろう守

●御朱印

●御祭神

戦没者13,000余柱

●例祭日

8月15日

函館市青柳町9-23　TEL0138-23-0950

函館市電「十字街」または「宝来町」より徒歩約10分

http://hakodate-gokoku.jp/

山上大神宮

Yamanouedaijingu

幸坂に鎮座する、歴史を重ねた木造社殿

昭和7年建立の趣のある社殿

函館山の麓に鎮座する神社の中では最も海岸寄り、幸坂の突き当たりにある山上大神宮。電車通りからは620㍍の急坂だが、振り返ると、函館港の絶景が背中を押してくれる。最後の石段を上り切ると、目の前に現れるのは、細工が施された木造の拝殿。後ろに続く本殿も、廊下でつながる社務所も見事な造作で、神社建築としては唯一、函館市の景観形成指定建築物等に指定されている。昭和7年（1932年）3月から85年が経過した社殿である。

創祀は古く、南北朝時代の応安年間（14世紀後半）。長い歴史の中には、箱館戦争の際、旧幕府軍に加わった伊勢桑名の藩主、松平定敬《さだあき》が御座所（居室）として使用したことや、幕末に第8代宮司を務めた澤辺琢磨が坂本龍馬と姻戚関係にあったこと、この澤辺宮司が函館ハリストス正教会とゆかりがあったことなど数々の逸話がある。さらに驚くのは御祭神の多さ。苦労して急坂を上った参拝者には、やはり多くの御利益が待っているようだ。

函館市船見町15-1
TEL0138-22-1819
函館市電「函館どつく前」より
徒歩約15分

●御朱印

●御祭神

天照皇大神（あまてらすすめおおかみ）
豊受大神（とようけのおおかみ）
倉稲魂神（うがのみたまのかみ）
木花開耶姫命（このはなさくやひめのみこと）
手置帆負命・彦狭智命（たおきほおいのみこと・ひこさじりのみこと）
大国主命（おおくにぬしのみこと）
中筒男命（なかつつのおのみこと）
迦具土神・火産霊神（かぐつちのかみ・ほむすびのかみ）
大己貴神・少名彦神（おおなむちのかみ・すくなひこなのかみ）
菅原道真公（すがわらのみちざねこう）

●例祭日

7月16日

船魂神社

Funadama Jinja

義経伝説が宿る港町の〝ふなだまさん〟

日和坂の上に立つ社殿

函館随一の観光エリア、元町。日和坂さえ間違えなければ、船魂神社にはたどり着く。函館山の麓を切り開いた境内は一種独特の雰囲気を漂わせ、ひんやりとした空気に包まれていた。

社史によると、保延元年（1135年）にこの地を訪れた高僧良忍が海上安全を祈念して、観音堂を建てたのが始まりとされている。まもなく900年を迎える歴史に加え、境内にある童子岩には源義経の伝説が宿る。手水舎の脇に横たわるこの岩は、津軽海峡の海難を逃れた義経一行に湧き水の場所を教えるため、童子の神が現れたという岩。願い事を書き、御神水に浮かべると、数分で水に溶け、願いが伝わるというお札も授与している。

港町らしく、地元ではあらゆる船の航海安全を願う〝ふなだまさん〟として親しまれている。御朱印には「北海道最古　義経の里」と添えられ、力強い筆跡が印象に残る。帰り道は函館港第3埠頭《ふとう》を見下ろす下り坂。穏やかな海を見ると、足取りは軽かった。

函館市元町7-2
TEL0138-23-2306
函館市電「末広町」より徒歩約7分
http://www.funadama.com/

●御朱印

●御祭神

塩土老翁神
（しおつちおじのかみ）
大綿津見神
（おおわたつみのかみ）
須佐之男神
（すさのおのかみ）

●例祭日

8月11日

大森稲荷神社

Omori Inari Jinja

鮮やかな朱色が映える大森浜のお稲荷さん

稲荷造の華やかな社殿

津軽海峡に向かう国道278号のＪＲ函館駅前からでも朱色の鳥居がはっきりと見える。函館市電はその手前、松風町で左折するが、そこから大森稲荷神社はもうすぐ。鳥居に近づくにつれ、波の音が聞こえてくる。津軽海峡を望む方向に立つ神社が多い函館で、詩人石川啄木が愛した大森浜を背にしているのは、遊郭などでにぎわった大門の街を見守るためだという。

朱塗りの石玉垣に囲まれた境内は一の鳥居をくぐると、古めかしい狛犬に目が留まる。昭和9年（1934年）の函館大火の被害の中で、狛犬と二の鳥居は焼け残り、その姿を今に伝えている。稲荷造の社殿も鮮やかな朱色で、その手前にはお稲荷さんの使いであるキツネの像が赤いほっかむりをして座っていた。

神社の創祀は定かではないが、「弘化三年（1846年）再建」と書かれた棟札が残され、寛文9年（1669年）の地図に「大森」の地名があることから推察すると、およそ350年。長きにわたって、函館の食や商売を見守り続けている。

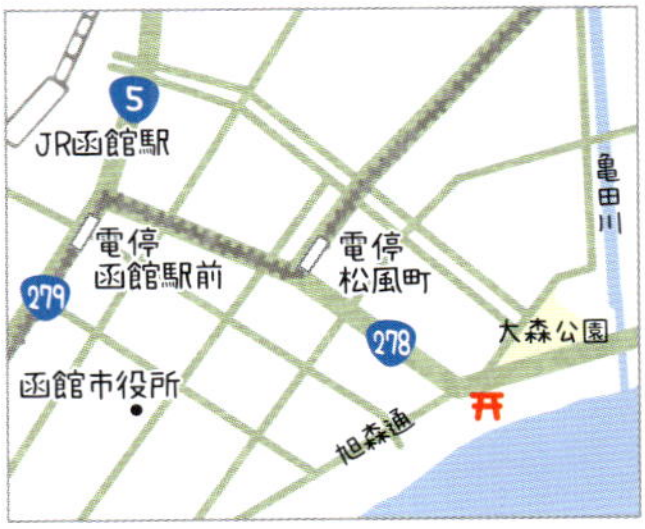

函館市大森町22-6
TEL0138-22-2637
JR函館駅より徒歩約10分

●御朱印

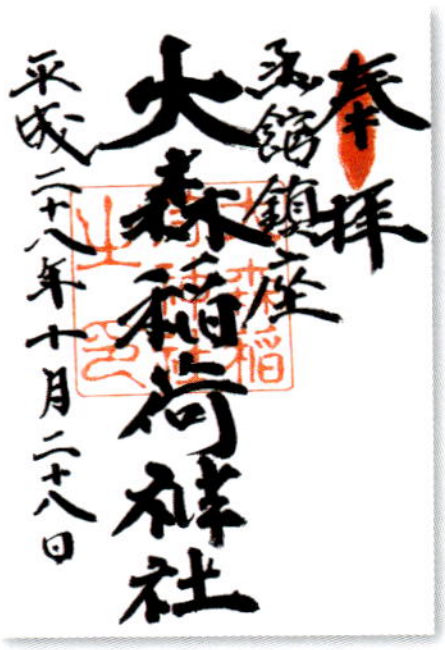

●御祭神
宇迦之御魂神
（うかのみたまのかみ）

●例祭日
9月10日

福島大神宮

Fukushimadaijingu

津軽海峡を見下ろす石段と土俵のある神社

階段の上の鳥居越しに見た社殿

国道からは社殿も鳥居も見えないが、坂道を一の鳥居にたどり着いたときには急な階段を見上げ、深呼吸をしたくなる。手水舎で心身を清め、一歩一歩、上を目指すと、次第に広がる津軽海峡の海の青さと福島漁港の景色に感嘆の声が漏れた。階段を上り切ると、待っているのは御神木の八鉾《はちほこ》杉。落雷により、1本の杉が裂け、八つの幹となってよみがえったという伝説を持ち、樹齢は370年を超える。昭和28年に建てられた社殿は総ヒノキ造りで趣がある。

階段を鳥居まで戻り、右手の神楽坂を進むと、境内社の稲荷神社と川濯《かわそ》神社がある。女性の守護神を祀る川濯神社には根元が不思議に膨れ上がった御神木のヒノキアスナロがそびえ、その形から「乳房桧」と呼ばれている。幹に触れると、母乳の出が良くなると伝えられ、産後の女性が参拝に訪れるそうだ。

その先には毎年5月の母の日に「女だけの相撲大会」が開かれる鏡山公園の土俵がある。観覧席も設けられた立派な土

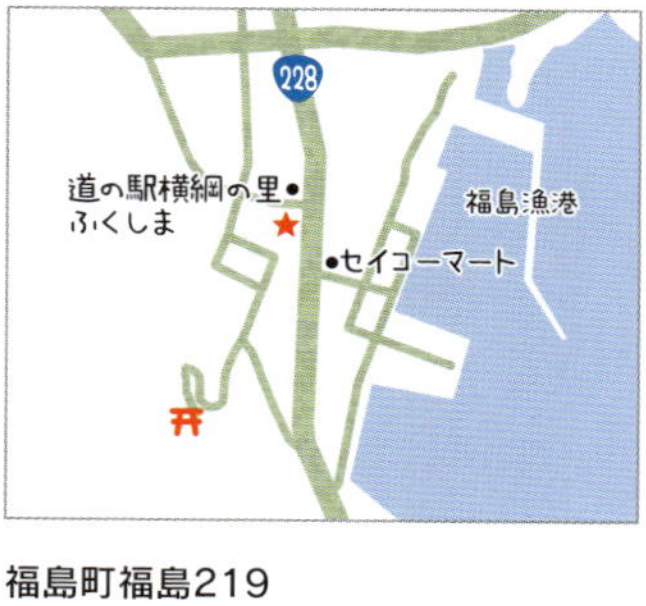

福島町福島219
TEL0139-47-2062
函館から車で約1時間40分または函館バスセンターより函館バス「福島」下車、徒歩約10分

御神木の八鉾杉

俵で、相撲元祖の神といわれる天手《あまのた》力《ちから》男命《おのみこと》の像が大岩を持ち上げ、土俵をにらみつけている。天の岩戸の日本神話で、岩戸をこじ開けた神様はやはり、勇ましい顔立ちをしていた。

雪道の階段は厳しいことから、冬季は階段下の社務所内にある神棚の前で参拝できる。純金をまとった豪華な神棚は松前藩が城内で使っていた貴重なもので、北海道最古とされる。創祀は不明だが、確認できる書物などから450年の時を重ねているそうで、現宮司は17代目。町内では唯一、神職が常駐する神社であり、北海道の無形民俗文化財である松前神楽も伝承している。

土俵の上に立つ天手力男命の像

●御朱印

●御祭神
天照皇大御神
（あまてらすすめおおみかみ）
豊受大神（とようけのおおかみ）

●例祭日
9月16日

寄り道スポット 横綱千代の山・千代の富士記念館

福島大神宮から徒歩数分の国道228号沿い。福島町が誇る第41代横綱千代の山と第58代横綱千代の富士の偉業をたたえるミュージアムで、入り口には2人の銅像が立ち、相撲甚句が流れる。館内は横綱、そして、大相撲の世界。開館は3月中旬から11月中旬までで、入館料は大人500円。隣には道の駅「横綱の里ふくしま」があるので、買い物にも便利。

福島町福島190　TEL0139-47-4527

松前神社

Matsumae Jinja

松前城を見つめて立つ、桜舞い散る古社

大正11年建立の木造の社殿

桜の名所、松前町。松前公園の桜はソメイヨシノや南殿《なでん》など約250種類1万本に及び、さくらまつり期間の人出は10万人を超す。公園内に鎮座する松前神社の参拝客も、このころが最も多いのだろう。松前城（旧福山城）の北側にあり、玉垣のない境内は思いのほか開放的だが、松前藩の始祖、武田信廣公一柱を祀る唯一無二の神社として、存在感を漂わせている。

天保2年（1831年）と刻まれた鳥居は神社の創祀よりはるかに古く、現在の桜見本園にあった八幡宮から奉納されたもの。風雪に耐えた鳥居の脇には南殿が咲き誇り、振り返ると、鳥居越しに松前城が見える。社殿は明治14年（1881年）に創立され、大正11年（1922年）に一度改築されて現在に至る。木造のさい銭箱にあるひし形の紋が武田を示し、御朱印にもこの紋が押されている。

参拝後は境内の樹木も拝覧したい。その代表が臥龍梅《がりゅうばい》。徳川3代将軍家光か

松前町松城145
TEL0139-42-2032
函館から車で約2時間または
函館バス「松城」より徒歩約10分

紅白の花が咲く御所錦

ら松前藩に贈られた梅で、300年以上も花を咲かせる生命力の強さに感服する。若い女性に人気の縁結びの木は、2本のイタヤカエデが途中から手を結ぶように寄り添っていることから、その名が付けられた。さらに、京都から移植されたとされる御所錦は一本の枝に紅白の花が咲く希少な梅の木。近年は白の勢力が強くなっているそうだが、紅を見つけた時の喜びはひとしおだった。

　桜の季節が過ぎると、ひっそり静かな公園だが、8月の例祭日には松前神楽が奉納され、桜の紅葉も味わい深い。参拝後は松前公園をゆっくりと散策して、歴史の町を満喫したい。

境内から鳥居越しに見た松前城

●御朱印

●御祭神

武田信廣公（たけだのぶひろこう）

●例祭日

8月5日

寄り道スポット　地酒の旭

　松前町の繁華街、城下通りから松前公園内に向かう沖之口坂の入り口にある地酒専門店で、吹き抜けの店内に並ぶ日本酒や焼酎の品ぞろえは道南屈指と評判だ。日本酒では、福井県・黒龍酒造の「九頭龍《くずりゅう》」などが店主の自慢で、この酒蔵の杜氏が松前町出身だったことから、ようやく販売にこぎ着けたそうだ。花見酒、雪見酒にももってこいの銘酒である。

松前町松城65　TEL0139-42-5111

上ノ國八幡宮

Kaminokuni Hachimangu

室町から江戸へ、歴史が息づく文化財の数々

弘化2年に建造された社殿

重要文化財や国指定史跡が数多く存在している上ノ国町。日本海沿いを通る国道228号の緩やかなカーブの山側に鳥居と社殿が見える。道路向かいの駐車場に車を止めて降り立つと、木造の明神鳥居や境内の狛犬は見るからに年季を帯び、社殿に近づくにつれ、時代をさかのぼるような錯覚を覚えた。

参拝者に配布している「参拝の栞《しおり》」を見ると、創祀は文明5年（1473年）。室町時代後期の武将、武田信廣公が築城した勝山館《かつやまだて》に守護神を祀ったことが起源とあり、まもなく550年の歴史を数える。見事な彫刻が施された拝殿は江戸時代後期の弘化2年（1845年）に江差町の正覚院に建立された金比羅堂を移築したもの。歴史をひもとくと、正覚院はこのころ、2度の火災に遭っていたというから、移築が幸いし、焼失を免れたのかもしれない。

そして、拝殿の奥に安置されている本殿はさらに歴史的価値が高く、徳川5代将軍綱吉の時代、元禄12年（1699

上ノ国町上ノ国238
TEL0139-55-2065
函館から車で約1時間40分

神社の前は通称にしん街道

年）に建立された北海道最古の神社建築という。上ノ国町では文化財に指定していたが、このほど、道の有形文化財への指定が決まった。残念ながら一般公開はしていないが、その貴重な本殿を思い描きながら、参拝を済ませた。

　隣接する旧笹浪家住宅は北海道最古の民家建築として、国の重要文化財に指定されている。神社の社務所の隣にある土蔵と米・文庫蔵はともに笹浪家時代の重要な建造物として公開されている。上ノ国町の歴史絵巻は見どころが尽きない。

細かな造作が見事な拝殿

●御朱印

●御祭神
誉田別命（ほんだわけのみこと）
天照大御神（あまてらすおおみかみ）
火産霊命（ほむすびのみこと）
大鷦鷯命（おほさざぎのみこと）
大山祇命（おおやまつみのみこと）
倉稲魂命（うがのみたまのみこと）

●例祭日
9月15日

寄り道スポット　夷王山《いおうざん》神社

　上ノ國八幡宮の裏手に当たる夷王山（標高159㍍）の山頂に長禄元年（1457年）、アイヌ民族との戦い（コシャマインの戦い）を鎮圧した武田信廣公を祀る夷王山神社の鳥居が立つ。勝山館の出土品を展示している勝山館跡ガイダンス施設の駐車場から、草むらの中の急坂を行くと、鳥居越しに広がる日本海の絶景が待っている。

上ノ国町勝山　夷王山山頂

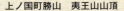

歴史を感じさせる社殿

姥神大神宮

Ubagamidaijingu

姥神さまの伝説が息づく道内屈指の古社

これほどインパクトのある社名があるだろうか。創祀の年代は不詳とされているが、江差町に伝わる折居《おりゐ》（または於隣《おりん》）という老婆の伝説がその由来。天変地異を予知する力を持ち、折居さまとあがめられていたという。その老婆があるとき、白髪の翁《おきな》から与えられた瓶子《へいし》（つぼの一種）の水を海中に注ぎ、ニシンの群来をもたらした。このときの瓶子が沖に立つ巨岩、瓶子岩になったといわれ、瓶子岩にしめ縄をかける江差かもめ島まつりによって、現代にも伝説が伝えられている。折居が住んでいた草庵に祀られていた御神体を姥神《うばがみ》と名づけ、正保元年（1644年）に現在地に御神体が遷《うつ》された記録が残っている。

町のメインストリート、いにしえ街道に面した境内は鳥居からすぐ社殿へと通じ、御神体は背後の森に守られている。毎年8月の姥神大神宮渡御祭は、北海道最古の祭りとして北海道遺産に認定されている。つぼの形の御朱印を見ると、姥神の伝説をさらに深く知りたくなった。

江差町姥神町99
TEL0139-52-1900
函館バスセンターより函館バス「姥神町フェリー前」下車、徒歩約5分

●御朱印

●御祭神

天照大御神
（あまてらすおおみかみ）

住吉三柱大神
（すみよしのみはしらおおかみ）

春日大神
（かすがのおおかみ）

●例祭日

8月5日
（渡御祭は8月9 ～ 11日）

飯生神社

Iinari Jinja

清潔感が漂う社殿

陣屋跡地で歴史を刻む長万部総鎮守

一度参拝すると記憶に残る社名だが、最初から正しく読める人は少ない。そのせいなのか、御朱印にも「いいなり」と平仮名が書かれている。神社の起源は安永2年（1773年）に建てられた祠《ほこら》までさかのぼり、京都・伏見稲荷大社から分霊をいただき、お稲荷さんを祀ったのは文化13年（1816年）のこと。このとき、稲荷に別の漢字を当てたのだろう。お稲荷さんは漁業や農業など食の神様だけに、生きるための飯という字に、豊作を願った当時の人々の思いが伝わってきた。

境内へ続く階段下には国指定文化財（史跡）の南部藩ヲシャマンベ陣屋跡の石碑が立ち、この地方の歴史を垣間見ることができる。階段を上り、正面の社殿を前にすると、花や木が植えられた美しい庭や清潔感が漂う境内に心が落ち着く。

平成25年には鎮座240年、平成28年には伏見稲荷大社からの分霊勧請200年を終え、やがて迎える鎮座250年に向け、宮司自ら、氏子から奉納された多くの庭木の手入れをしているのだという。あらためて社名を心に刻み、陣屋時代の遺構が残る裏庭へと向かった。

階段下の社号標

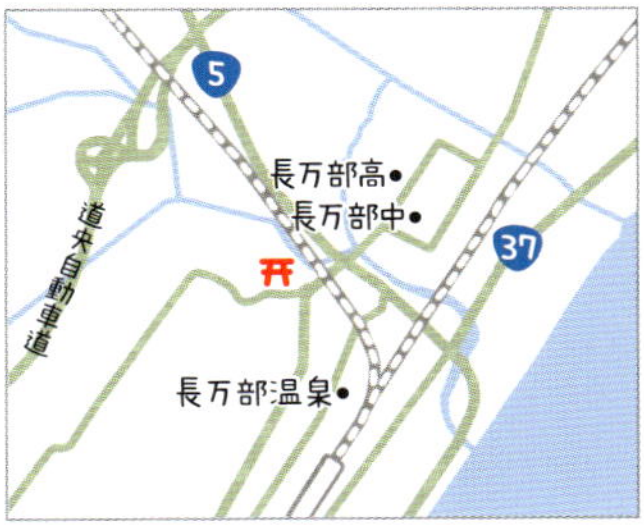

長万部町長万部379
TEL01377-2-2165
JR長万部駅より徒歩約15分

●御朱印

●御祭神

天照大神
（あまてらすおおみかみ）

大國主命
（おおくにぬしのみこと）

倉稲魂命
（うかのみたまのみこと）

●例祭日

8月11日

訪ねてみたい！秘境の神社

広い北海道を走り回ると、なぜここに？と思う場所で神社に出合うことがある。人も寄り付かないような山中や海に浮かぶ島の上など、神社がある場所には必ず、地域の歴史が隠れている。御朱印こそいただけなくても、訪ねてみると、さまざまな発見がある秘境の神社。その一部を紹介しよう。

■大沼 駒ケ岳神社
七飯町 東大沼

土産物店やホテルでにぎわう湖畔の対岸、東大沼の木立の中に小さな鳥居が立つ。徳川家光の寛永の時代から噴火を続ける駒ケ岳の安全を祈り、大正３年(1914年)、噴火口の断崖に山の神である大山祇神(おおやまつみのかみ)を祀ったのが始まり。昭和48年に現在地に移されたのは、人の背丈を優に超える大岩に神威を感じたからだろう。寛永17年(1640年)の大噴火の名残とされる溶結凝灰石の大岩の中央は縦に大きく割れ、通り抜けると、難関突破の御利益があるそうだ。湖畔のポロト館では「難関突破守」を頒布している。

■太田山神社
せたな町 大成

道内で最も困難な場所にあり、よほどの健脚と勇気の持ち主でなければ、参拝するのが難しいとされる太田山神社。正式な社名は「太田神社」だが、太田山の名の方が通っている。参拝に必要なのは軍手や運動靴など登山の装備。海岸線を走る道道からいきなり始まる急階段を見て、断念してしまう人も多い。階段の先は険しい山道。最後に待ち受ける絶壁のつり輪。慣れた人でも片道1時間以上はかかる山頂の本殿には猿田彦大神が祀られている。無理をせず、海岸近くにある拝殿を参拝し、夕日を眺めるだけでも日本海の絶景が心を癒やしてくれるだろう。

■厚岸 弁天神社
厚岸町 厚岸湖牡蠣(かき)島

寛政３年(1791年)の「東蝦夷道中記」に記述が残る弁天神社は、厚岸大橋を渡り、漁協近くの海岸から、鳥居と小さな社殿が眺められる。船でなければ上陸できない通称牡蠣島(弁天島)。史料によると、大正時代には神社の隣に保養所や料亭もあったそうだが、地盤沈下とともに住民は去り、神社だけが保存会によって守られている。社殿には、嘉永５年(1852年)に場所請負人山田文右衛門が奉納したとされる極彩色の弁財天坐像が祀られ、航海の安全と漁業の繁栄を見守り続けている。平成28年11月から厚岸漁協が販売を始めたブランドガキは「弁天かき」と名付けられた。

■館(たて)神社・比石館跡
上ノ国町 石崎

松前町から国道228号を上ノ国町に向かうと、石崎川の橋の手前に「比石館跡」の立て看板がある。馬の背のように突き出した岬を目指し、草むらの一本道を行くと、パッと開けた先にあるのは祠(ほこら)と鳥居。北海道最古の文献「新羅之記録」によると、15世紀中ごろに築かれたとりでとされ、近年になって、15世紀末期から17世紀初めにかけての陶磁器や土葬墓、建物の礎石跡などが発見された。軍神経津主神(ふつぬしのかみ)が祀られている神社はここを築いた厚谷右近将監(しょうげん)重政が創建したものだろうか。断崖から夕日を眺める絶景スポットでもあるが、車の走行は慎重に。

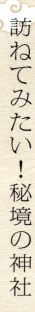

道東・オホーツクの神社 11社

帯廣神社

Obihiro Jinja

帯広の鬼門を守り、縁を結ぶ桂の木

広い境内に構える社殿

北海道の東西をつなぐ国道38号沿いに見上げるほどの社号標が立つ。すぐに三の鳥居があり、樹木に囲まれた参道が伸びているが、二の鳥居は国道の向かい側、一の鳥居はさらにその先の通称電信通沿い。一の鳥居から歩いてみると、灯籠が並ぶ参道は飲食店や寺院が集まる500㍍ほどの道のりだった。

手水を取ると、少し、とろりとした感触を覚えたが、聞くと、モール泉で知られる十勝川温泉と同様の水質の地下水を使っているという。エゾリスの姿を追いながら神門まで行き、玉砂利の境内を社殿へと進む。御祭神は札幌神社（現北海道神宮）から授かった三柱。市内北東の鬼門に位置することから、方角の災いよけの御利益も伝えられている。広い境内には戦没者を祀る十勝護國神社もあり、境内の授与所ではこちらの御朱印も授与している。

神社のパンフレットの表紙にもなっているハート形の葉は社殿の外の森にそびえる桂の木で、この葉を模した「桂文《かつらぶみ》」

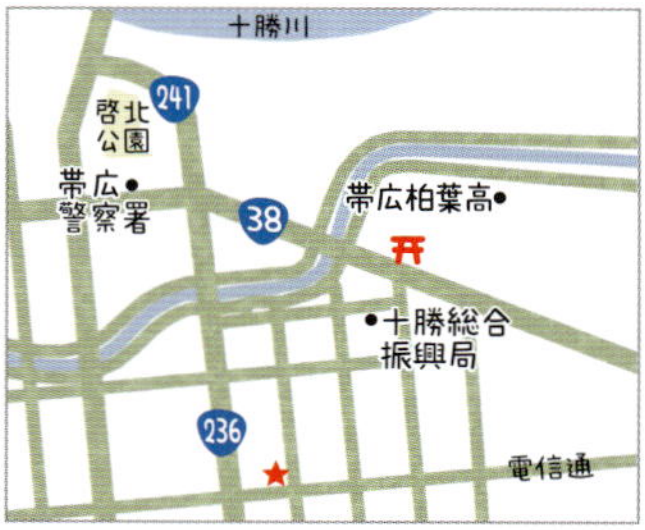

帯広市東3条南2丁目1
TEL0155-23-3955
JR帯広駅西通り北口より徒歩約25分
http://www.obihirojinja.jp/

御神木の桂とハート形絵馬

の絵馬に願い事をしたためて結びつけると、縁結びの願いが届くという。この絵馬の授与は4月下旬から10月までで、年に数度の満月の日はまれに紅葉する桂の葉の色の絵馬に変わる。帯広にゆかりの深いばんえい競馬にちなんだ馬の形の絵馬もあり、農業高校を舞台とした漫画「銀の匙《さじ》」にも同様の絵馬が登場する。張り子のサケのご当地おみくじに書かれた「魔鮭福鱒《まさけふくます》」は魔を避け、福が増すという意味をサケマスに掛けたそう。おみくじを引き、珍しい馬の絵馬は参拝記念のお土産に持ち帰った。

●御朱印

●御祭神
大國魂神（おおくにたまのかみ）
大那牟遅神（おおなむちのかみ）
少彦名神（すくなひこなのかみ）

●例祭日
9月24日

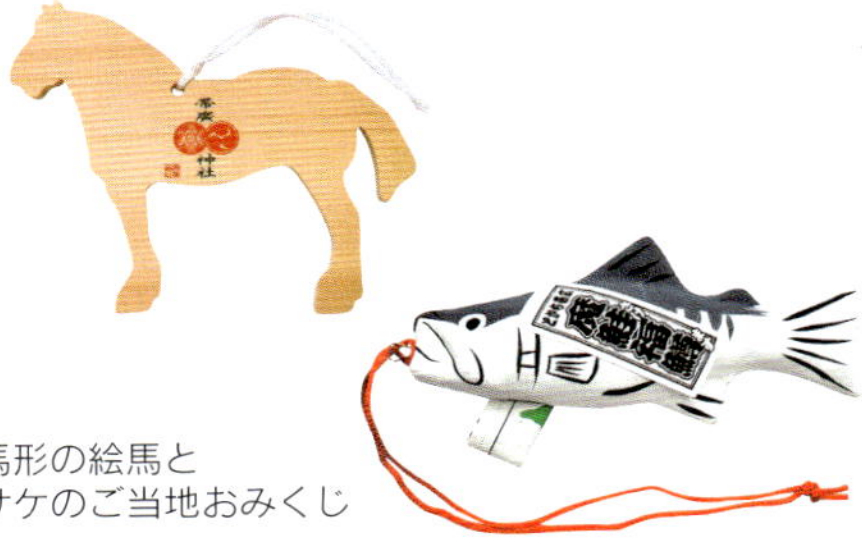
馬形の絵馬と
サケのご当地おみくじ

寄り道スポット 高橋まんじゅう屋

電信通で行列をつくる大判焼きの店。「たかまん」の愛称で親しまれ、昭和28年の創業時から変わらない味を守っている。30分かけて、じっくり焼き上げる大判焼きはあんとチーズの2種類。生地やあんはもちろん、ソフトクリームのベースまで自家製で、手際のいい接客もこだわりの一つ。帯廣神社の神輿《みこし》が通る時は担ぎ手に大判焼きを振る舞っているそうだ。

帯広市東1条南5丁目19-4　TEL0155-23-1421

音更神社

Otofuke Jinja

小動物が暮らす自然豊かな鎮守の森

音更神社が鎮座する千畳敷公園は数々の小動物が暮らす豊かな森。北海道環境緑地保護地区に指定され、十勝銘木百選や町の名木・美林に指定される樹木も多い。一枚岩の立派な社号標のそばには樹齢500年に迫る御神木のハルニレがそびえ、そこから辺りの空気は一変する。

白い柱が印象的な社殿

マイナスイオンをたっぷりと浴びながら参道を進み、明治33年（1900年）の創祀の際に造営された本殿（古殿舎）、境内社の姫宮稲荷神社と弁財天宮を参拝しながら歩く。宮城県から分霊をいただいたという姫宮稲荷神社は両脇に座る小さな狛犬が愛らしく、思わず「こんにちは」と語りかけてしまった。

社殿へと続く階段の下にはかつて、一帯に存在した御神池が復元されている。屋根や囲いのない手水舎は一瞬、不思議に感じるが、冬でも凍らない清水がとうとうと流れて、美しい。創祀100年事業として、平成10年に建て替えられた社殿には、伊勢の神宮内宮から分霊をいただいた天照大神を主祭神に、地域の神様

木彫りのリスと夏季限定のお守り

音更町元町3-9　TEL0155-42-2170
JR帯広駅より十勝バスまたは拓殖バス「音更大通11丁目」下車すぐ
http://otofukejinja.g-box.net/

が合祀されている。

授与所に行くと、梁《はり》の上に一刀彫りのエゾリスが飾られていた。地元の木工作家、故高橋英双氏の作品で、エゾリスは音更神社の御神使として大切にされている。御朱印にもかわいいエゾリスのスタンプが押され、参道では運よく、御神使に会うことができた。鎮守の森の四季を表現したお守りもあり、春の桜、冬の雪だるまなど、季節感あふれるデザインだ。夏季限定のコロポックル御守と季節替わりの交通安全のお守りを求めると、「こちらもどうぞ」と、手作りのお手玉をいただいた。紅葉の秋に再び、御神使に会いに行きたいと思った。

豊かな森の中を通る参道

●御朱印

●御祭神（主祭神）
天照大神（あまてらすおおみかみ）

●例祭日
9月23日

寄り道スポット のむら葬祭音更店

昭和8年（1933年）創業の、主に仏具を扱う老舗だが、音更神社の社務所にもポスターが張ってあるように、御朱印帳を扱っている。3代にわたって、大鳥居のしめ縄を寄贈している縁もあり、御朱印帳を持たずに参拝に来た人への配慮だそうだ。場所は神社の前の大通りを直線距離で約800メートル。境内から千畳敷公園を通り、町役場の広場に下りるルートもある。

音更町大通4丁目3　TEL0155-42-1557

新得神社

Shintoku Jinja

神社山に鎮座するエゾヤマザクラの名所

新得神社山に立つ社殿

5月にはエゾヤマザクラが一斉に花を咲かせる新得神社山。社務所の横の駐車場から一気に階段を上ると、境内はそのまま神社山の一部であり、桜の名所となっている。創祀は現在の新得小付近に建てた標柱に天照皇大神を祀った明治36年（1903年）。翌年には、町内で発掘された花こう岩に御祭神の名を刻み、神社山へ遷《うつ》された。その花こう岩は元宮として、今も神社山の8合目付近に祀られている。

桜の由来は大正5年（1916年）に妻や子供を火事で亡くした町内の伊藤傳五郎が供養のために植えたもの。山の斜面を切り開いた境内には、傳五郎の石碑や新潟県人会によって勧請された彌彦神社もあり、手水舎のそばの太鼓橋を渡って坂を上ると、元宮のある第1展望台まで600㍍の登山道が続いていた。

町名にちなんだ「ちょっと得するお守り」は黄色い袋の色から、金運上昇を願って、求める人も多い。御朱印をいただきに寄った社務所には桜の季節の写真が飾られ、春の再訪が楽しみになった。

ちょっと得するお守り

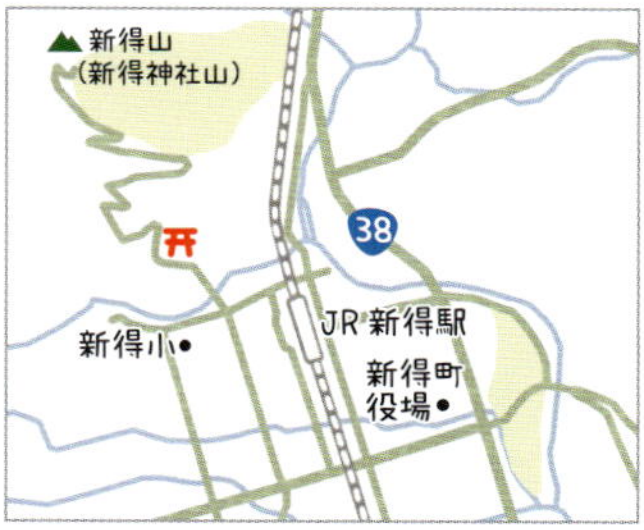

新得町西1条北3丁目11
TEL0156-64-5034
JR新得駅より徒歩約10分

●御朱印

●御祭神
天照皇大神
（あまてらすすめおおかみ）

●例祭日
9月8日

浦幌神社

Urahoro Jinja

ナラの木と夫婦桂に守られたおっぱい神社

森を背にした神明造の社殿

浦幌町の市街地を見下ろす東山の麓。国道沿いから始まる階段を行くと、背後には雄大な景色が広がる。途中で、御神木の一つ、根元から二股に分かれた夫婦桂に寄り、再び社殿を目指した。

拝殿の前に立つと、さい銭箱の上に御祭神が書かれた御影石があり、二柱の神様にお参りをする。次に境内社の伏見稲荷神社に参拝し、ここが「おっぱい神社」と呼ばれる由縁の乳神《ちちがみ》神社に向かう。女性の乳房に似たこぶを二つ持つナラの大木に、「孫のため、母親に乳を授けて」と祈った老婆の願いが成就したことから、そのこぶを乳神様として祀っているのが乳神神社。その隣には乳房の形の天然石が祀られ、水子神社が並んで立つのも珍しい。ナラの木で作った「おっぱい守」は全国の母親などから問い合わせがあるそうだ。

ツーリング途中の参拝者も訪れるため、バイク交通安全祈願の名刺奉納所も設置されている。女性はもちろん、男性も幸せを分けていただける浦幌神社の参拝は終始、なごやかだった。

ナラの木のおっぱい守

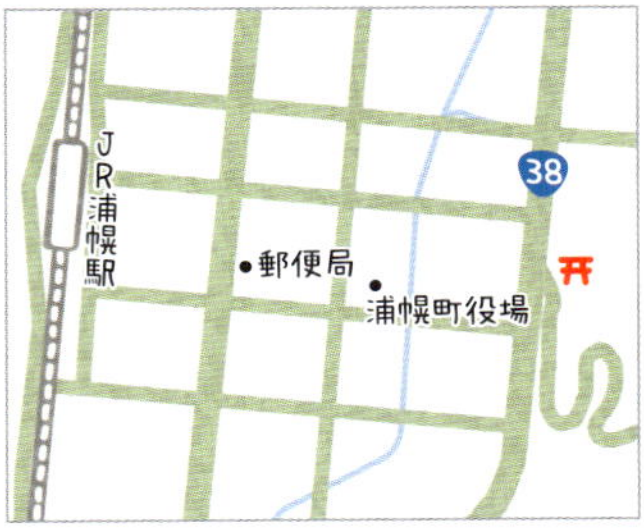

浦幌町東山町18-1
TEL015-576-2448
JR浦幌駅より徒歩約12分
https://www.urahorojinja.org/

●御朱印

●御祭神

天照皇大神
（あまてらすすめおおかみ）

八幡大神
（やはたのおおかみ）

●例祭日

9月20日

網走神社

Abashiri Jinja

文化財の船絵馬が伝わる深い森の古社

神妙な雰囲気が漂う境内

地図で見ると、市街地に近い公園内に思えるが、南6条通（国道244号）に立つ一の鳥居から神社に向かうと、釧網本線の線路を渡った辺りから深い森に包まれる。坂の途中にある網走護國神社の参拝は帰り道と決め、次に見える太子堂も後回しにして、社殿を目指す。息を切らして、手水舎にたどり着くと、木造の平屋の社務所の古さに驚き、木製の鳥居の前でしばし、立ち止まってしまった。広島県の本宮、厳島神社の御祭神を祀る神社だけに、鳥居も本宮と同じ、自然木の両部鳥居だが、年季を帯びて立つ姿は感動に値する。

木造の社殿も細かな彫刻が施され、拝殿には「天壌無窮《てんじょうむきゅう》」の額が掲げられている。天と地が永遠に続くさまという意味で、網走監獄の典獄（刑務所の長）が大正4年（1915年）に書いたものらしい。社務所は明治28年（1895年）建造の迎賓館だったそうで、長い廊下には十数枚の船が描かれた絵馬が飾られている。天保11年（1840年）から明治6年（1873年）にかけて奉納された手描き

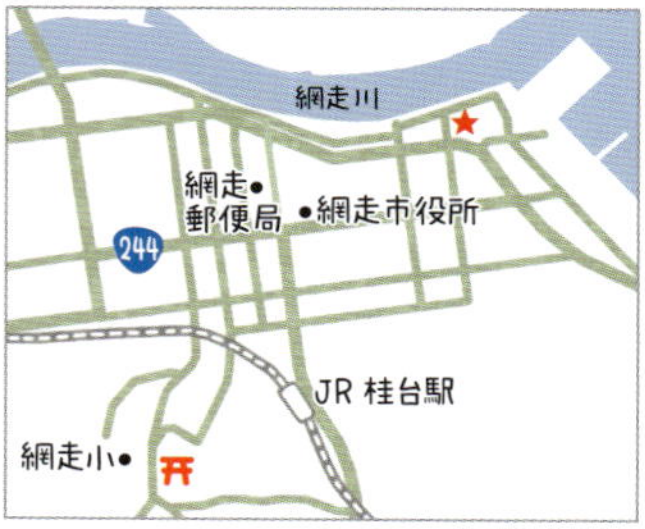

木造の両部鳥居と社号標

網走市桂町2丁目1-1
TEL0152-43-3355
JR網走駅より徒歩約25分または
JR桂台駅より徒歩約3分

の船絵馬は貴重な文化財として、網走市の指定を受けている。これを奉納したのは、文化9年（1812年）に網走神社の起源となる弁財天を祀った場所請負人の又十藤野家。船絵馬は社務所で授与している絵馬の図柄にも使われている。

参道を下り、網走護國神社に行くと、境内に七福神の像が並んでいた。昭和の初め、市内7カ所に祀られていた像を地元の大学が復元したもので、その穏やかな表情に心が和む。境内は鳥のさえずりが響く森の中。ひと休みして、網走小学校側へ抜ける裏参道も歩いてみた。

●御朱印

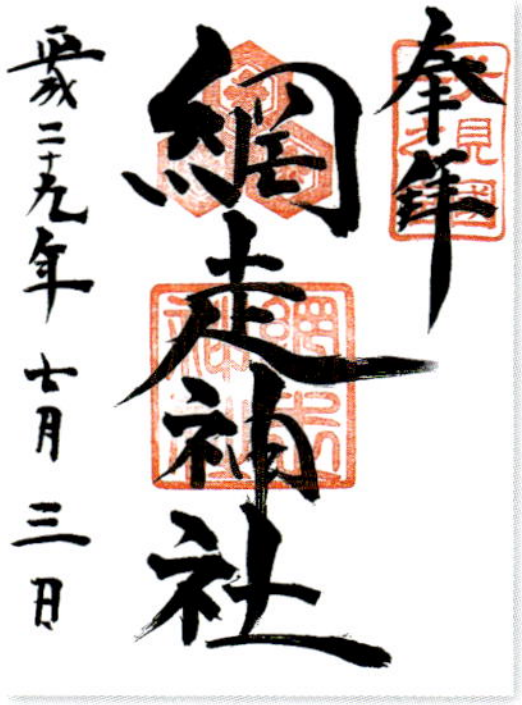

●御祭神

市杵島姫命
（いちきしまひめのみこと）

田心姫命（たごりひめのみこと）

湍津姫命（たぎつひめのみこと）

●例祭日

8月15日

網走護國神社境内の七福神

船絵馬の図柄の絵馬

寄り道スポット　流氷硝子《がらす》館

網走の名所、帽子岩が間近に見える網走川のほとり。リサイクル原料の廃蛍光灯を美しいガラス製品に生まれ変わらせている工房兼ショップで、「流氷硝子」と名付けた製品は独特の輝きを放つ。乾電池から出るマンガンを利用したガラス製品もあり、店内のカフェでは実際の製品で飲み物などが楽しめる。

網走市南4条東6丁目2-1　TEL0152-43-3480
http://www.ryuhyo-glass.com/

北見神社

Kitami Jinja

伊勢との縁を刻む境内に立つ数々の記念碑

美幌方面から国道39号を北見市内に向かい、右の視界に鳥居が入ったら、その脇の駐車場に車を止める。緩やかに続く石段の参道は樹木に覆われ、緑の香りが心地いい。最後の石段を上り切ると、石畳を敷き詰めた境内は数々の記念碑と手入れの行き届いた庭園で、何より清潔感が漂っていた。車椅子やベビーカーも通りやすいようにと、平成28年の創祀120年の記念事業で、社殿の横にスロープを付け、バリアフリーに整備したそうだ。

一方、石段を使わず、北2条通側にある神門から参拝に来る地元の人たちは、手水舎でポンと手を打ち、ひしゃくを取っていた。作法の看板を読むと、確かにかしわ手を一つ打つと書いてある。あまり見掛けない光景について尋ねると、「神職が行う作法ですが、北見では皆さん、これにならってくださいます」。昔から北見は神徒が多い街だということを知った。

オホーツク管内の中核都市として発展

木の香りが漂う堂々とした社殿

北見市北2条東6丁目11
TEL0157-23-4405
JR北見駅より徒歩約10分、北見バス「東6丁目」前
http://www.kitajoho.com/kitamijinjya/

清潔な手水舎

した北見だが、その開拓の歴史は屯田兵後期となる明治30年（1897年）から。当時は地名もアイヌ語で、野の端っこを意味する野付牛《のつけうし》だった。厳寒の未開の地に米作りを根付かせるまでの苦労は北見神社の由緒書きにも綿々とつづられている。こうした努力をたたえ、昭和25年に伊勢の神宮の農業の神、豊受毘売神の分霊が勧請されたのは特別なことだったそうで、境内には神宮の祭主や大宮司らが正式参拝した際の記念碑が並んでいた。

授与所は社殿のそばにあり、おみくじやお守りの種類も多い。水に浸すと文字が浮かび上がる、夏季限定の「水みくじ」が珍しく、1本引いて、手水舎に向かう。かしわ手を打って、水をかけると、程なく浮かんだ「中吉」の文字に安堵《あんど》した。

北2条通側の神門

●御朱印

●御祭神

天照大御神
（あまてらすおおみかみ）

住吉大神（すみよしのおおかみ）

豊受毘売神（とようけひめのかみ）

●例祭日

9月15日

寄り道スポット そばの三福東店

北見神社の一の鳥居から国道沿いに約700メートル。昭和の雰囲気が漂う昔ながらの食堂だが、北見市民なら知らない人はいないというのが名物のあんかけ焼きそば。そばやうどんはもちろん、ラーメンの麺も自家製で、この麺を硬めにゆで、パリッと焼いた上にたっぷりのあんがのっている。コショウを効かせた飽きのこない味はボリュームも満点だ。

北見市大町107-11　TEL0157-23-8190

厳島神社

Itsukushima Jinja

航海と漁業の安全を見守る丘の上の鎮守

三女神を祀る社殿

　紋別市内の繁華街を歩き、紋別公園を目指すと、坂の上にすっくとそびえる鳥居が目に飛び込む。その圧倒的な存在感に引き寄せられるように近づくと、それは見事な両部鳥居で、御影石の貴重な一本柱。何度も見上げ、社殿に続く階段を上ると、次の鳥居には「住友鴻之舞《こうのまい》鉱山鴻愛会」と彫られていた。東洋一といわれる金の産出量を誇った鉱山が紋別にあったことを知った。

　道内の厳島神社の多くは広島県の厳島神社が本社だが、ここは福岡県・宗像大社の三女神の分霊を祀っている。全国でも珍しく、起源をたどると、道内各地の漁場請負人として隆盛を極めた村山伝兵衛が函館から宗谷、そして、紋別の弁天岬に遷《うつ》したものという。当時は弁天社や弁財天と呼ばれていたそうで、社殿の前に立つと、三女神が高い丘の上から紋別港を見守っているように思えた。

　境内には太平山三吉神社や稲荷神社などの末社があり、参拝を済ませたら、社殿の左手の道をオホーツク庭園へと向かいたい。岩肌を流れる3本の人工滝が涼しげで、散策にはもってこいの場所である。さらに、その裏手は紋別公園。流氷展望台から眺めるオホーツクの海は穏やかだった。

御影石の両部鳥居

紋別市花園町1丁目6-4
TEL0158-23-4506
道北バス「紋別バスターミナル」より
徒歩約7分

●御朱印

●御祭神

市杵島姫命
（いちきしまひめのみこと）
田心姫命
（たごりひめのみこと）
湍津姫命
（たぎつひめのみこと）

●例祭日

8月15日

美幌神社

Bihoro Jinja

愛染かつらがそびえ、こいのぼりが舞う神社

神明造の社殿と狛犬

美幌町の市街地からはやや離れた国道240号沿い。辺りは静かな住宅街で、境内は野球場などを備えた柏ケ丘公園に隣接している。参道を進み、二の鳥居に近づくと、左側にそびえる御神木の桂が目に飛び込む。そばに立つ石碑の文字を読むと、昭和の大ヒット映画「愛染かつら」の「花も嵐も踏み越えて」で始まる主題歌の一節が書かれていた。桂の木も登場する恋愛映画だが、その昔、美幌町の商家に奉公に来た若者が当時の思い出を歌に寄せて、御神木を「愛染かつら」と名付けたそうだ。

境内では白い柱が美しい社殿と、境内社の龍神社にお参りをする。お守りや御朱印をいただくなら、木立の中の坂道を下りると、宮司の自宅を兼ねた社務所にたどり着く。「社務所が分かりづらいでしょう」と恐縮する宮司からいただいた、「美」の文字と鳥居のスタンプが押された御朱印が印象的だった。

平成25年の端午の節句からは、各家庭に眠るこいのぼりを境内に飾り始めた。今では全国から400匹に迫る数が集まるほどになり、神社を訪れる多くの人を楽しませている。

御神木の桂

美幌町西1条南4丁目1
TEL0152-73-2318
JR美幌駅より美幌町ワンコインバス「南3丁目」下車またはJR美幌駅より徒歩約30分

●御朱印

●御祭神

天照大神
（あまてらすおおかみ）

天手力男命
（あめのたぢからおのみこと）

天之御中主神
（あめのみなかぬしのかみ）

●例祭日
9月5日

厳島神社

Itsukushima Jinja

年月の趣を感じさせる社殿

弁天さまの御朱印が愛らしい釧路の古社

釧路発祥の地とされる米町の高台。一の鳥居から入る参道の坂道を上りきると、すぐに手水舎がある。その近くには文政10年（1827年）に奉納された手水鉢が置かれているが、創祀はそれより古く、寛政11年（1799年）ごろに書かれた絵図に神社の鳥居が描かれているという。松前藩によって、釧路の語源であるクスリ場所が開かれたのは寛永年間（1600年代前半）。厳島神社は釧路の発展とともに歩んできた。本殿内には遠く噴火湾方面で彫られ、釧路に持ち込まれた「円空仏（観音菩薩坐像）」が道の指定文化財として保存されている。

昭和27年に造営された趣のある社殿は木彫りの造作が見事で、拝殿の両脇には江戸時代末期のものとされる小ぶりの狛犬が座っている。拝殿内には頭をなでると一年を健康に過ごせるという獅子の像があり、そこにあった説明に導かれ、境内社の龍神さまの祠《ほこら》を目指す。金運・商売繁盛の御利益がいただける「白蛇石」に願いを込め、赤い鳥居のお稲荷さん、

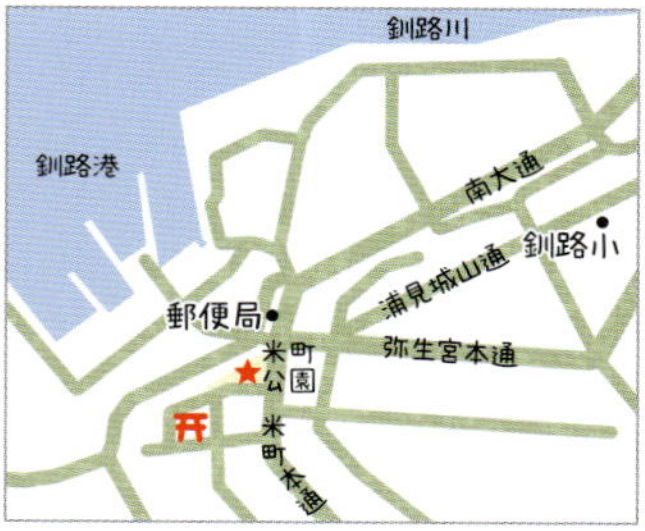

拝殿内の獅子の像

釧路市米町1丁目3-18
TEL0154-41-4485
JR釧路駅よりくしろバス「米町公園」下車すぐ
http://kushiro-itsukushimajinja.com/

さらに釧路護國神社の参拝を済ませた。

見開きで授与する御朱印は迫力ある筆入れが印象的で、「釧路國一之宮」の文字に創建時の思いが伝わる。御祭神である市杵島姫命（弁天さま）を描いたカラフルな絵は、月ごとにデザインが変わるそうで、6月にいただいたときは4本の紙《し》垂《で》まで張った手の込みように驚いた。釧路護國神社の御朱印もいただき、厳島神社が兼務している釧路町内の神社の御朱印も授与していることを聞いたが、それは次回の参拝に取っておくことにした。

江戸時代末期の狛犬

●御朱印

●御祭神

市杵島姫命（いちきしまひめのみこと）
阿寒大神（あかんのおおかみ）
金刀比羅大神（ことひらのおおかみ）
秋葉大神（あきはのおおかみ）
稲荷大神（いなりのおおかみ）
猿田彦大神（さるたひこのおおかみ）
海津見大神（わだつみのおおかみ）

●例祭日

7月15日

寄り道スポット 米町公園

厳島神社の駐車場の下にある米町公園は眼下に釧路港、灯台の形をした展望台からは摩周岳や斜里岳まで眺められる静かな展望スポット。石川啄木の歌碑は全国で6番目に建てられたものだそうで、歌集「一握の砂」の一首が刻まれている。

公園沿いに坂道を下った先には釧路最古の木造民家、旧田村邸があり、資料を展示する米町ふるさと館として見学者に開放されている。

釧路市米町1丁目2

大国さまを祀る社殿

鳥取神社

Tottori Jinja

鳥取士族が築いた釧路の〝大国さま〟

明治17年（1884年）6月、鳥取県からこの地に移住したのは、士族としての誇りを持った人たちだった。明治維新によって武士の身分を失い、困窮にあえいだ人々に県が示した救済策は未開の北海道行き。その想像を絶する苦労の歴史は隣接の記念館で知ることができる。故郷の隣県である島根県の出雲大社から大國主神を御祭神に迎え、社殿を建てたのは明治24年（1891年）。実は鳥取県にもこの社名の神社がないため、旅行者が「なぜ釧路に鳥取神社？」と参拝しに来ることもあるそうだ。

国道38号（鳥取大通）に面した鳥居から参道を進み、90度右へ曲がると、社殿が立つ。その両脇には備前焼の狛犬が網で囲われ、大切に保存されている。拝殿に下げられた幔幕《まんまく》には社紋である「大」の文字。大国さまと親しまれている御祭神を表したもので、地元の日本画家、渡邉正子氏が描いた大国さまの姿は、見開きの御朱印としてもいただける。また、授与所ではこの絵をラベルにし、お清めをしたペットボトル入りの天然水を「美《み》

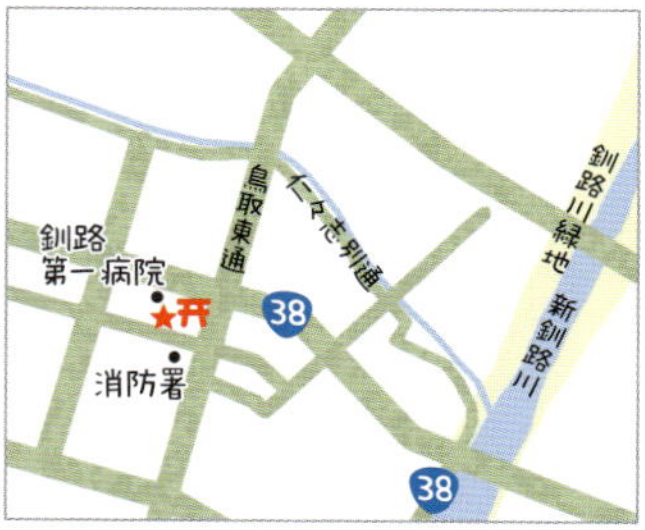

釧路市鳥取大通4丁目2-18
TEL0154-51-2404
JR釧路駅よりくしろバス「鳥取神社前」下車、徒歩1分
http://www15.plala.or.jp/tottori-shrine/

鳥取県知事寄贈の記念碑

御水《もい》」と名付けて販売している。寺社でいただくパワーのこもった水を何日かに分けて飲むことで体内にエネルギーがみなぎる「お水取り」という開運法に使うといいそうだ。

秋の例大祭では鳥取県の伝統芸能である傘踊りやきりん獅子舞などが披露され、2日間にわたって、神輿《みこし》が町を練り歩く。以前は川湯温泉で行われていた「女相撲大会」は平成21年から例祭日の行事になり、「全国から女性力士が集まり、大変盛り上がります」と話す宮司の言葉にも熱がこもっていた。白い鳥居で一礼し、鳥取神社の参拝を終えた。

●御朱印

●御祭神
大國主神
（おおくにぬしのかみ）

●例祭日
9月14日

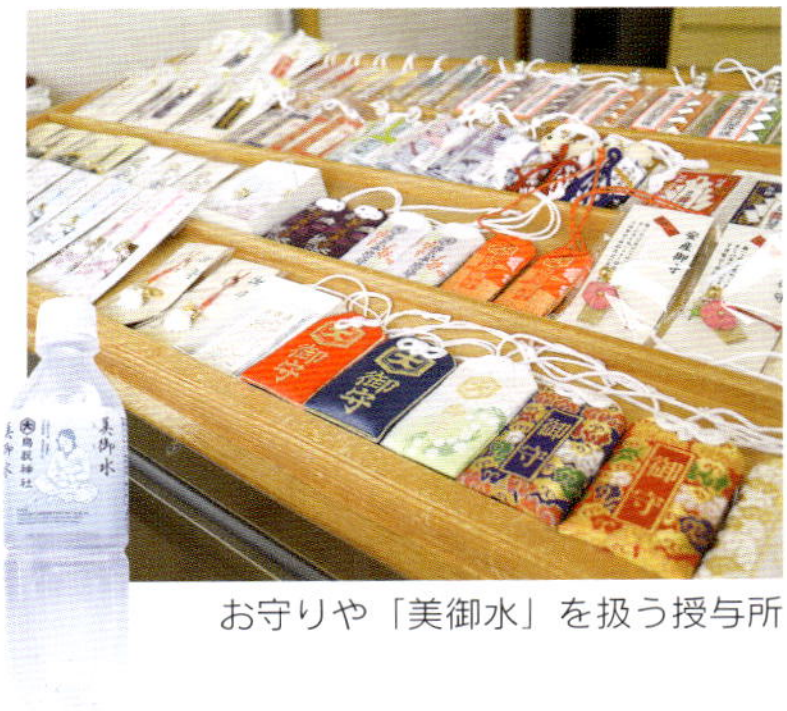

お守りや「美御水」を扱う授与所

寄り道スポット　鳥取百年館

境内にそびえる立派な城郭は昭和59年の鳥取移住100年記念の年に鳥取城をイメージして建てられた。1階の大広間には士族移住者の遺品や鳥取藩池田家の家宝、神社の遺品など、歴史的にも価値の高い約1600点の資料が展示されている。2階には鳥取市から寄贈された甲冑《かっちゅう》や移住者の暮らしを支えた生活道具などが展示され、いずれも無料で観覧できる。

鳥取神社　境内

金刀比羅神社

Kotohira Jinja

北方領土への思いが宿る根室の総鎮守

流造の堂々とした社殿

神職が常駐し、御朱印がいただける神社としては、日本最東端の金刀比羅神社。根室港を望む琴平丘に鎮座し、その歴史は文化3年（1806年）の創祀から200年を超える。一の鳥居から社殿までの表参道はゆるやかな坂道。木立の中には安政2年（1855年）に奉納された石灯籠が今も形を留めて立っていた。

東参道の鳥居を含め、境内に4基ある鳥居のうち、最も古かった三の鳥居は平成29年6月に建て替えられたばかりで、奉納したのは根室の地酒「北の勝」の蔵元、碓氷勝三郎商店。奉納者の名前から「佐重門」と名付けられた木造の神門をくぐると、入母屋流造の趣のある社殿を前に足が止まった。遠方からの参拝だけに、たどり着いたときの感慨はひとしおだった。

参道の途中には展望台が設けられ、根室港に浮かぶ無人島、弁天島が眺められる。赤い鳥居と社殿は市杵島《いちきしま》神社で、航海の安全を願う三柱の女神が祀られている。社殿に向かって左側の西神門を出る

根室市琴平町1丁目4　TEL0153-23-4458
JR根室駅前バスターミナルより
根室交通（バス）「汐見町」下車、徒歩約5分
https://www.nemuro-kotohira.com/

高田屋嘉兵衛の銅像

●御朱印

●御祭神
大物主神（おおものぬしのかみ）
事代主神（ことしろぬしのかみ）
倉稲魂神（うかのみたまのかみ）

●例祭日
8月10日

と、金刀比羅神社を創祀した蝦夷《えぞ》地開拓者の一人、高田屋嘉兵衛の銅像が立つ。国後島・択捉島間の航路の開拓者としても知られ、神職によると、北方領土にはかつて69もの神社が鎮座していたという。終戦直後、島民が御神体を持ち出せたのは11社だけで、金刀比羅神社ではこれら11社に代わって祭典を行っている。御朱印に押された「祈　返還　北方領土」の判に根室ならではの思いを感じた。

社務所には併設して「神輿《みこし》殿・お祭り資料館」があり、きらびやかな神輿を間近で観賞できる。「ようこそ、お参りくださいました」。神職の言葉に後ろ髪を引かれながら、表参道を根室の繁華街へと向かった。

神輿殿・お祭り資料館

寄り道スポット　さむえ

金刀比羅神社から徒歩20分ほどの緑町通沿い。札幌・ススキノで14年、店主の故郷の根室に移転して11年になる和食店で、控えめなあんどんに灯りがともるのは午後6時。カウンターと小上がりが3卓の店内で、根室ならではの新鮮な魚介類はもちろん、ツブカルゴや酒盗チーズといったススキノ時代からのオリジナルの料理が楽しめる。3点盛りのお通しは500円。

根室市緑町3丁目5　TEL0153-24-8603

根室　初日の出詣

▲初日の出詣バス
根室駅～納沙布岬間 往復記念乗車券

平成29年の初日の出を拝みに、車を東へと走らせる。目的地は、北海道の平地では一番早く日の出が見られる根室の納沙布岬と、御朱印がいただける神社としては日本最東端の金刀比羅神社。札幌から約430㌔の冬道を走り、早朝5時半、根室市内の宿から初日の出詣のバスに乗り込んだ。

1月1日の日の出時刻は午前6時49分。満席のバスは夜明け前の雪道を岬の先端へと急ぐ。今、太陽は地球のどの辺りを照らしているのだろう。顔を見せるのは水平線のどの辺りだろう。初日の出の瞬間に自分は何を思うのだろう。さまざまな思いを抱きながら、心の中でカウントダウンを始めた。

天候にも左右される初日の出詣。この日は見事なまでの快晴だった。氷点下の澄み切った空気、穏やかな海、それぞれの思いを抱き、この日、この場所に全国から集まった数千もの人たち。空が白々と明けてくる。そして、午前6時49分。初日は正確に、水平線から姿を見せ始めた。一斉に歓喜の声が湧き上がる。カメラのファインダー越しに見た太陽はとても小さく感じられたが、その光線は見る見るうちに空をオレンジ色に染めていく。神々しいという言葉はまさにこの瞬間のためにあるのだろう。美しい新年の訪れに大きな力をもらった気がした。

初詣は根室市内に鎮座する金刀比羅神社に向かった。すでに開門時刻は過ぎ、境内は家族連れでにぎわっている。社殿の前に立ち、「初めまして」のあいさつと、根室で初日の出が見られたことへの感謝を告げ、この本が無事に出版されることだけを願った。

一年の初めに引いたおみくじは、漁獲量日本一の根室のサンマにちなんだ張り子のご当地おみくじで、「福ざんまい」とは縁起がいい。「末吉」だったが、北海道弁で記された「なまら良い方向へ進むべさ」の指南をありがたく受け止め、どこまでも晴天の初詣を終えた。

▲元日の御朱印

▲サンマのご当地おみくじ

道北の神社 10社

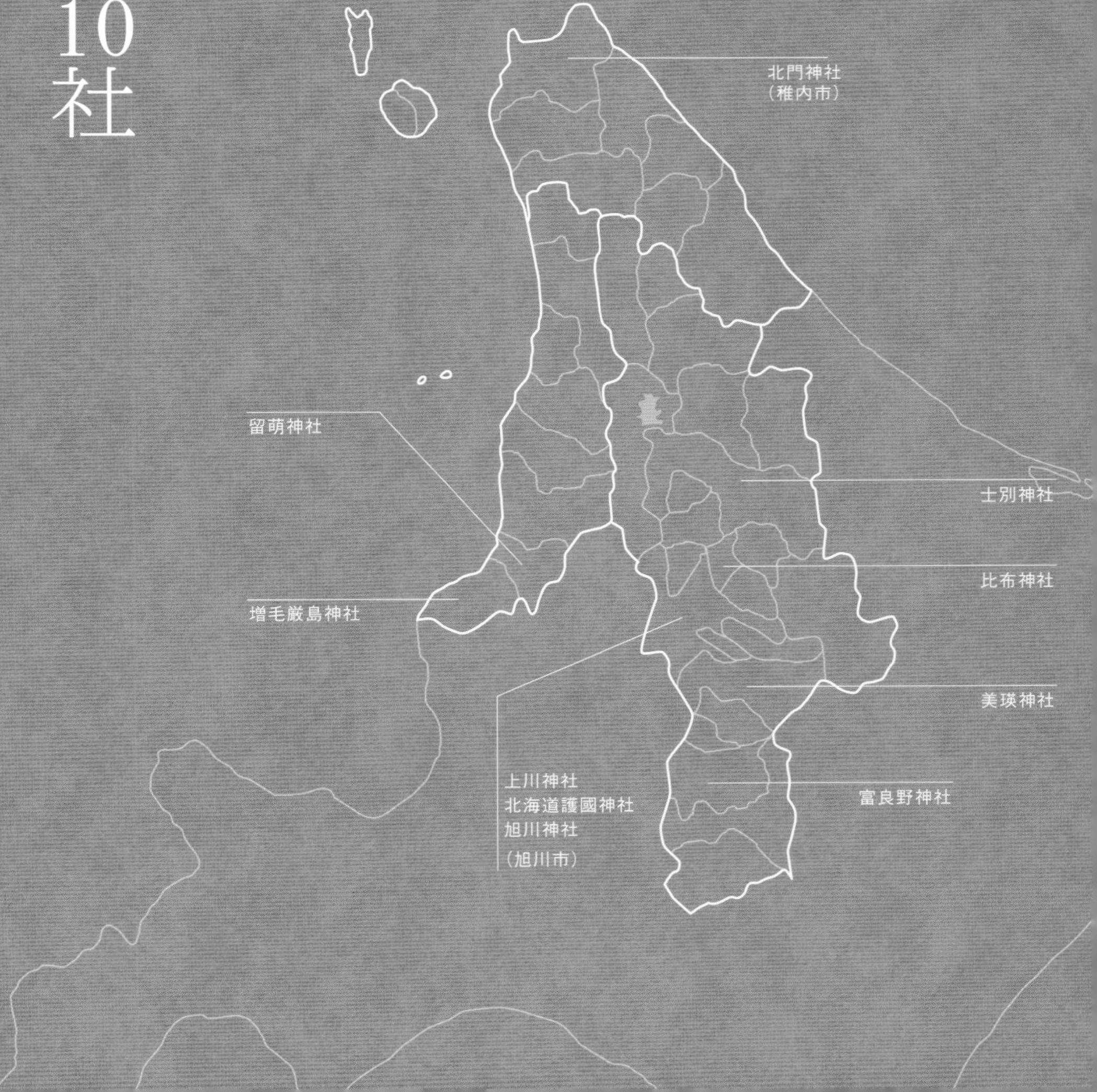
北門神社
（稚内市）
留萌神社
士別神社
比布神社
増毛厳島神社
美瑛神社
上川神社
北海道護國神社
旭川神社
（旭川市）
富良野神社

上川神社

Kamikawa Jinja

神楽岡に鎮座し、旭川の歴史を伝える神社

堂々として、美しい社殿

札幌ドームがすっぽり8個も収まってしまうほど、広大な原始の森が広がる神楽岡公園の大雪通側。一の鳥居から始まる109段の石段は、さすがに息が上がる。昔は運動部の学生がうさぎ跳びをする姿も見られたそうで、石段を上り切った先にある手水舎の水がとびきり清らかに感じられた。

明治26年（1893年）の創祀から、市内で数度の移転を経て、神楽岡に社殿が建てられたのは大正13年（1924年）のこと。北海道に開拓使が置かれた明治の時代から、離宮の建設計画が進められた由緒ある場所で、その史実を後世に伝えるため、二の鳥居のそばには「上川離宮予定地」の標柱と記念の石碑が立っている。御祭神が十三柱にも及ぶのは、創祀後に北海道の開拓や旭川にゆかりの功労者と先人の郷土の神々を合わせて祀ったためで、平成4年には上川の開拓に尽力した初代北海道長官、岩村通俊が合祀されている。

堂々とした社殿で参拝を済ませ、境内

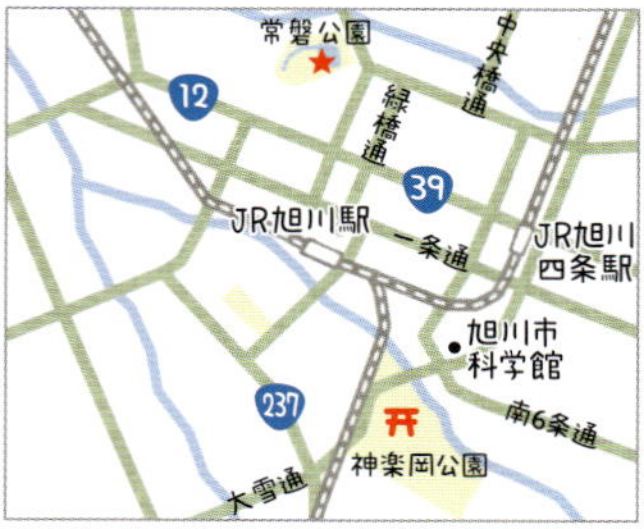

大雪通に立つ一の鳥居

旭川市神楽岡公園2-1
TEL0166-65-3151
JR旭川駅より旭川電気軌道バス「上川神社」下車、徒歩約5分
http://www.kamikawajinja.com/

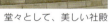

社の旭川天満宮では学問や芸術の神様にお参りをする。天神さまと縁の深い大きな牛の像は参拝客が願いを込めて顔の辺りをなでるため、すっかり色が変わり、つやつやになっていた。

独特の書体で彫られた御朱印はずっしりと重たい石製の印で押されたもので、歴史の重みが伝わってくる。参拝客からの要望で、新たに授与を始めた旭川天満宮の御朱印も、同じ社務所でいただける。境内で出合ったエゾリスの姿を追って、神楽岡公園の散策へと向かった。

●御朱印

●御祭神

天照皇大御神
(あまてらすすめおおみかみ)
大己貴大神(おおなむちのおおかみ)
少彦名大神(すくなひこなのおおかみ)
豊受姫神(とようけひめのかみ)
大物主神(おおものぬしのかみ)
天乃香久山神(あめのかぐやまのかみ)
建御名方神(たけみなかたのかみ)
誉田分命(ほんだわけのみこと)
敦實親王(あつざねしんのう)
鍋島直正命(なべしまなおまさのみこと)
黒田清隆命(くろだきよたかのみこと)
永山武四郎命
(ながやまたけしろうのみこと)
岩村通俊命(いわむらみちとしのみこと)

●例祭日

7月21日

天神さまの牛の像

寄り道スポット 上川神社頓宮

上川神社から約4㌔離れた市街地に、旭川で最初に造られた公園である常磐公園がある。日本の都市公園100選に選定された美しい公園で、上川神社頓宮は園内にある千鳥ケ池の浮島にひっそりとたたずんでいる。御祭神は本宮と全く同じで、授与所ではお守りや「頓宮」と書かれた御朱印もいただける。

旭川市常磐公園　TEL0166-22-5934

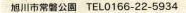

北海道護國神社

Hokkaido Gokoku Jinja

広大な境内に立つ全国有数の秀麗な社殿

流造の荘厳な社殿

交差点の角に立つ社号標と石灯籠の大きさに圧倒されながら、鮮やかな朱色の鳥居をくぐる。そこから社殿までは自然豊かな庭園で、最初に足が止まるのは樺太・北海道池を渡る太鼓橋。左側を見ると、池の上に樺太の旧市町名の札が立ち、右手の池は上から見ると、北海道の形をしているそうだ。

神門を通る前に、朱色の屋根が掛けられた手水舎に寄る。竹筒から流れる水を受け止めるのは重さが15トンもある石で、昭和16年（1941年）に旭川市内の神居古潭の川底から発見されたもの。大きさはもちろん、その造形が素晴らしく、「御手洗《みたらし》石金剛」と名付けられている。

神門をくぐり、さらに延びる参道の向こうに目をやると、流造の社殿の姿に再び圧倒される。過去の大戦などで命を落とした人々を祀る護国神社は全国に52社あるが、境内の広さや社殿の華やかさは他社からも一目置かれる存在だそうで、「平成23年の創祀110年を記念し、5年がかりで屋根のふき替えをしましたの

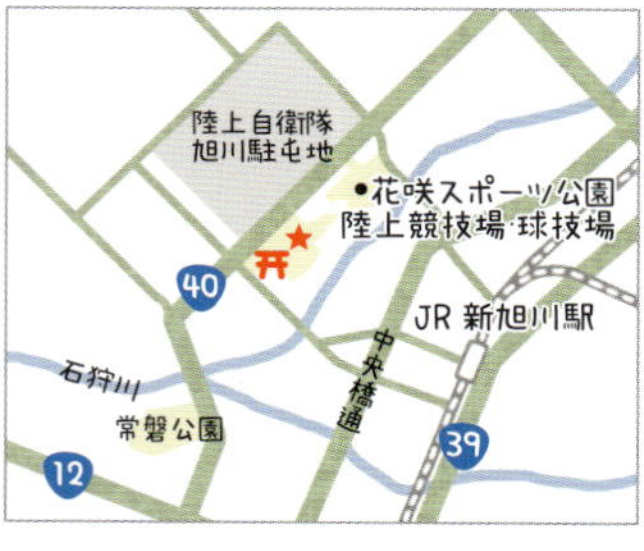

旭川市花咲町1丁目　TEL0166-51-9191
JR旭川駅より旭川電気軌道バス・道北バス「護国神社前」下車、徒歩約2分
http://www.hokkaido-gokoku.org/

豪華な手水舎

で、銅板が徐々に緑青に変わっていく様子が見られます」と神職が教えてくれた。社殿前の高欄は皇居内に架かる二重橋の古材を使った貴重なものだそうだ。

御祭神は北海道と樺太の戦没者で、毎年6月4日の宵宮祭では新たに判明した戦没者の合祀祭が執り行われる。参拝者の思いはそれぞれだろうが、境内や社殿の美しさから神前結婚式の依頼が多く、雅楽の生演奏や巫女《みこ》の神楽舞で2人の門出を祝ってくれる。御朱印は神門のそばにある授与所でいただくことができ、境内社の北鎮安全神社の御朱印も授与している。

●御朱印

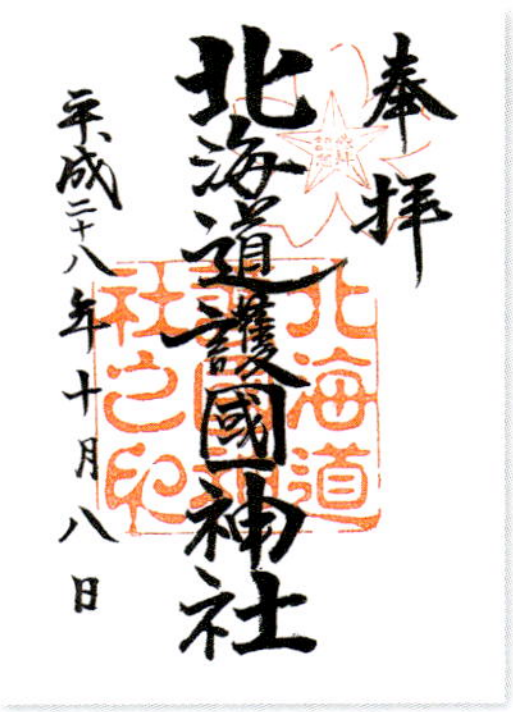

●御祭神
戦没者63,156柱
（平成29年6月現在）

●例祭日
6月5日（慰霊大祭）

樺太・北海道池

寄り道スポット　平成館（旧陸軍第7師団北鎮兵事記念館）

境内の南東に立つ城郭風の建物はかつて旭川に置かれていた第7師団の記念館で、昭和10年（1935年）当時流行していた和洋折衷の帝冠様式を採用している。平成27年11月に国の登録有形文化財（建造物）となり、主に慰霊大祭の参列者のために利用されている。一般見学はできないが、毎年7月にはここを会場に北海道金魚すくい選手権大会も開かれている。

北海道護國神社　境内

旭川神社

Asahikawa Jinja

旭川屯田兵が築いた美しい女神の神社

神明造の美しい社殿

旭山動物園へ通じる通称動物園通り。旭川駅からは石北本線で4駅離れた文教地区に旭川神社の大鳥居が立つ。子供たちが水遊びをする東旭川屯田公園の悠悠せせらぎ通りを進むと、左側に「旭川兵村記念館」、駐車場のそばには戦没者を祀る顕勲神社がある。旭川神社の社殿は手水舎の先の二の鳥居の正面にあり、参道の両脇にしつらえた石庭が美しい。

神社の所在地は東旭川だが、社名は旭川。その理由は明治25年（1892年）に入植した旭川屯田兵の歴史にさかのぼる。旭川の地名や神社名は東旭川の旭川屯田が先に使っていたため、後から市街地となった旭川には譲れないというわけで、当時の北海道庁長官から「神社と小学校は旭川の名称が使える」という告示が出たそうだ。

拝殿の横に置かれた「おもかる石」は石灯籠の最頂部に見られる宝珠の形の石で、最初に持ち上げ、願い事をして再び持ち上げたときの重さの感じ方で、願いがかなうか否かが分かるという。軽く

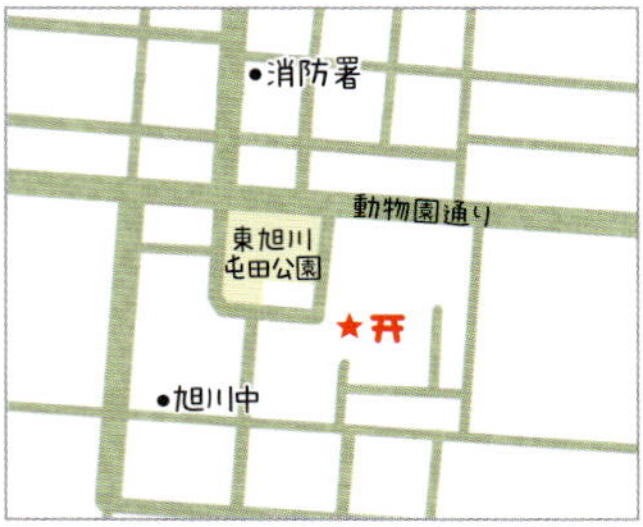

旭川市東旭川南1条6丁目8-14
TEL0166-36-1818
JR東旭川駅より徒歩約3分
http://www.asahikawajinja.or.jp/

拝殿の横にある「おもかる石」

なった自分に言い聞かせ、境内社の八幡愛宕神社の鳥居をくぐる。ここの本殿は平成7年に伊勢の神宮から、式年遷宮の撤去材をいただいて造営されたもので、商売繁盛、火防の神が祀られている。式年遷宮の撤去材は平成27年にも拝領し、本殿の扉の改修に使用している。

黄金色の稲穂の刺しゅうが施された御朱印帳はオリジナルのデザインで、御祭神の女神にちなんだ「美守《うつくしまもり》」はほのかに桜の香りが漂う。「神社に親しんでほしい」と、7月の海の日の連休には「旭川神社YELL」というイベントも開催され、境内は多くの出店やライブなどでにぎわうそうだ。

大鳥居から続く悠悠せせらぎ通り

●御朱印

●御祭神

天照大神

（あまてらすおおかみ）

木花開耶姫命

（このはなさくやひめのみこと）

●例祭日

8月15日

寄り道スポット　旭川兵村記念館

旭川屯田兵の歴史的資料を展示する記念館で、屯田兵の入植の状況や暮らしぶり、旭川屯田の夫婦が考案したタコ足と呼ばれる水稲直播《ちょくはん》機などの農機具も展示されている。入館料は大人500円。開館は4月下旬から10月下旬までの午前9時半から午後4時半で、毎週火曜（祝日の場合は翌日）が休館日。「旭川神社YELL」の両日は無料開放している。

旭川市東旭川南1条6丁目3-26

TEL0166-36-2323

美瑛神社

Biei Jinja

猪目文様で飾られた社殿と那智の火祭

境内の鳥居から見た社殿

四季折々に美しい美瑛の景色の中でも、ひときわ目を引くのが市街地から白金温泉に向かう途中に鎮座する美瑛神社。鮮やかな朱色の鳥居の先に広がる手入れの行き届いた境内、金物の装飾がきらびやかな社殿の前に立つと、ほのかにヒノキの香りがする。明治30年(1897年)の創祀から数度の移築を重ね、現在地に落ち着いたのは平成7年。社殿の至る所に見えるハートの形が口コミで広まり、恋愛成就を願って訪れる人たちも多いが、これは猪目《いのめ》という日本の伝統的な文様で、邪を打ち破る意味を持つ。向拝を支える4本の柱は、年輪の中心部分を外して製材した芯去材《しんさり》で、かなりの大木をぜいたくに使った貴重な柱だそうだ。

和歌山県那智勝浦町からの入植者が熊野夫須美《ふすみ》神社(現熊野那智大社)の分霊を祀ったことを起源とすることから、今も那智との縁が深く、平成元年から毎年7月24日には那智・美瑛火祭を開催している。1㌔離れた丸山公園から神社ま

トウモロコシの
ご当地おみくじ

猪目文様と社号額

美瑛町東町4丁目1-1
TEL0166-92-1891
JR美瑛駅より道北バス「美瑛丸山」下車すぐ、
またはJR美瑛駅より徒歩約20分

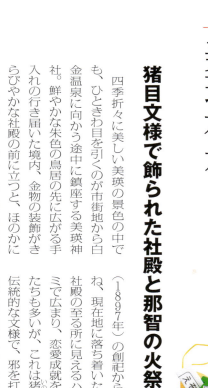

で、たいまつが練り歩く様子を見ようと、全国から観光客が集まるそうだ。

農業とともに発展した美瑛のまちを表現したという御朱印は、神職ごとに色使いや書き方を変えているが、参拝者が選ぶことはできないため、何度も参拝に訪れる楽しみがある。オリジナルの御朱印帳も授与しており、カラフルな丘を描いたデザインはまさに美瑛そのもの。張り子のトウモロコシのご当地おみくじも登場し、玩具のフォークリフトを使った引き方もユニーク。「一粒万倍　富諸来《とみもろこ》し」と書かれたおみくじは、旅のお土産品としてもうってつけで、授与所を訪れる参拝客は誰もが皆、笑顔にあふれていた。

華やかで、美しい社殿

●御朱印

●御祭神
天照大神（あまてらすおおかみ）
伊邪奈岐神（いざなぎのかみ）
伊邪奈美神（いざなみのかみ）
家都御子神（けつみこのかみ）
大國主神（おおくにぬしのかみ）

●例祭日
7月25日

寄り道スポット　道の駅びえい「丘のくら」

美瑛市街地にある道の駅。美瑛神社からは車で5分ほど。建物は大正初期に建てられた美瑛軟石の元倉庫で、内装には美瑛産のカラマツ材を使っている。特産品販売コーナーに並ぶのはもちろん、美瑛ならではの農産加工品やお菓子など。美瑛カレーうどんが味わえる軽食コーナーもあり、2階のイベントスペースでは美瑛にゆかりのある作家の個展が開催されている。

美瑛町本町1丁目9-21　TEL0166-92-0920

彫りの深い狛犬と社殿

富良野神社

Furano Jinja

「北の国から」のまちを見守る富良野の鎮守

一の鳥居から社殿までの参道は、両側に灯籠が並ぶ厳かな雰囲気。正面に見える社殿に向かって、ゆっくり、ゆっくり、歩を進める。記念碑の碑文を読むと、明治35年（1902年）の創祀からの歴史が分かり、今では道内有数の観光地となった富良野の先人たちの苦労が目に浮かぶようだった。

富良野といえば、倉本聰脚本のドラマ「北の国から」の舞台として知られ、平成10年放送の「'98時代」で、主人公の一人、蛍が結婚式を挙げた神社として、今も観光客が訪れる。平成14年の創祀100年、同24年の110年記念事業で、社殿や社務所は修復されたものの、この参道は今も撮影当時と変わらないようだ。

平成28年6月の夏越《なごし》の大祓《おおはらえ》からは、新たに茅《ち》の輪くぐりができるようになった。社殿のそばの「禊《みそぎ》の巌《いわお》・祓《はらえ》の巌」の巨岩の前で神事が行われた後、参拝者は無病息災を願って輪をくぐるというもの。そして、7月はへそ祭り、8月は例大祭と、富良野の夏はにぎやかな祭りシーズンを迎える。

富良野市若松町17-6
TEL0167-22-2731
JR富良野駅より徒歩約13分
http://www.furano.ne.jp/jinja/

●御朱印

●御祭神
大國魂神
（おおくにたまのかみ）
大己貴神
（おおなむちのかみ）
少彦名神
（すくなひこなのかみ）

●例祭日
8月25日

樹木を背にした神明造の社殿

比布神社

Pippu Jinja

道祖神に心が和む必富の里の鎮守

比布神社の参拝は、なぜか気持ちがほんわかとなる。それは、境内に祀られた仲むつまじい道祖神のせいなのか、手入れの行き届いた庭のせいなのか。一の鳥居から手水舎に寄り、直角に曲がって二の鳥居をくぐると、正面に樹木を背にした社殿が現れる。

参拝を終え、ツツジが丘と呼ばれる境内中央に戻ると、石段の上に「大雪夫婦道祖神」の石像があり、夫婦の優しい顔に癒やされる。縁結びをかなえる「むすびの石」もあることから、若い男女の参拝者が仲良く、手を合わせていた。

御朱印には「必富の里の鎮守」のスタンプが押してある。町名の比布の語源は、アイヌ語で沼や石の多い所を指すピプだが、その昔、「必富」の字が使われていたこともあるそうだ。社殿の背後に空高くそびえるセンノキ（ハリギリ）は道北地域では貴重なものだそうで、同じセンノキでできた木製カバーの御朱印帳も授与している。ツツジやボタンの花が咲きそろう初夏に再び参拝したくなった。

境内にある道祖神

比布町新町4丁目20-2
TEL0166-85-2028
JR比布駅より徒歩約10分

●御朱印

●御祭神
天照皇大神
（あまてらすすめおおかみ）

●例祭日
8月1日

士別神社

Shibetsu Jinja

サフォークのまちを見守る九十九山の鎮守

九十九山に鎮座する社殿

士別神社の御朱印を見ると、士別市や神社の特徴がよく分かる。北海道地図の判には市の位置が示され、鎮座地は九十九《つくも》山と書かれている。神紋の大和桜は、桜の名所にちなんで定められたもの。市の特産、サフォークのかわいらしいスタンプも押してあり、「士別市のことを知らない参拝者のために」という宮司の配慮が伝わってくる。

市内中央部にそびえる九十九山は、明治32年（1899年）に入地した北海道最北で最後の屯田兵100戸のうち、1戸が火災のために転出し、99戸となったことからこの名が付けられた。10万平方㍍を超える境内は北海道神宮に次ぐ広さとされ、北海道の環境緑地保護地区に指定されている。坂道を上って、下る参拝にはカラフルなイラストマップが分かりやすい。駐車場前の表参道から、まずは社殿を目指すと、最大傾斜18・2%の砂利道は軽い登山のようだった。

参拝後は社殿の左手から裏参道を下りたい。石碑や境内社がとにかく多く、そ

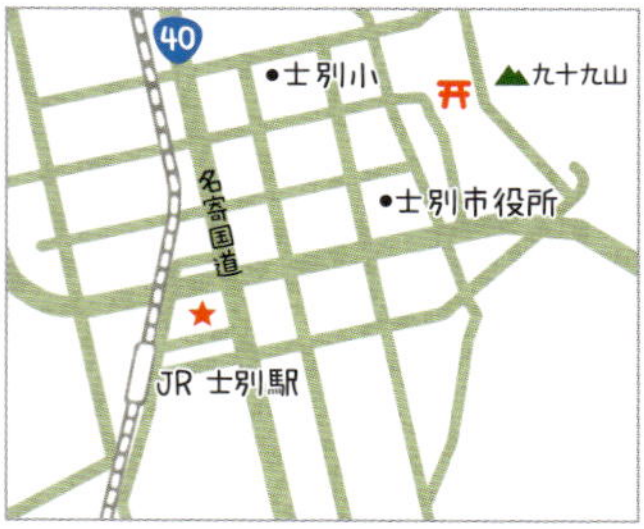

白い鳥居の南参道

士別市東8条北1丁目436 九十九山
TEL0165-23-2243
JR士別駅より士別軌道（バス）「神社前」下車、徒歩約3分
http://shibetsu-jinja.jp/

の一つ一つに市の歴史が刻まれている。聖徳太子を祀る聖徳神社は道内では珍しく、士別山神社《しべつやまのかみしゃ》は屯田兵の妻たちが安産や登山の無事を願って建立した。火防の神、日本武尊《やまとたけるのみこと》を祀る古峯龍尾《ふるみねたつお》神社まで下ってくると、スタートから小一時間が過ぎていた。

境内には至る所に歌碑も建てられている。川柳碑、詩碑、天塩川歌碑に民謡歌碑。全ての石碑を探し当てるには、一度の参拝では難しいかもしれない。次に訪れるのは桜の時期か、それとも紅葉の季節か。冬場も表参道は除雪が行き届き、厳しい冬の参拝は身が引き締まる体験となった。

境内社の古峯龍尾神社

●御朱印

●御祭神
天照皇大神
（あまてらすすめおおかみ）

●例祭日
7月15日

寄り道スポット サフォーク

JR士別駅からまっすぐ国道に出ると、地元では旧信用金庫の建物で知られるふれあい館がある。ジンギスカンをはじめ、水やサイダー、トマトジュースなど、士別の特産品を扱うショップで、メインは地元の女性たちが糸を紡ぐところから手作業で作り上げる手編みのセーターや帽子など。羊毛の優しい風合いのセーターは一生着られる極上の仕上がりだ。

士別市大通西8丁目　ふれあい館1階
TEL0120-340-941

北門神社

Hokumon Jinja

日本最北の高台にそびえ立つ稚内総鎮守

鹿島カラーの華やかな社殿

日本のＪＲの最北端、稚内駅前からノシャップ岬に向かう道道254号を走ると、山の斜面に社殿の屋根の千《ち》木《ぎ》が見える。断崖に立つ神社かと思いながら階段を上ると、参道の奥に現れた社殿は道道から見た建物とは違っていた。宮司に尋ねると、昔は道道から社殿が見えたそうだが、参拝客のために境内を広げて、社殿を建て直したとのこと。道道から見えるのは六角神輿《みこし》等を収めた神輿殿だった。

神職が常駐し、御朱印がいただける日本最北端の神社である北門神社の創祀は天明５年（１７８５年）にまでさかのぼる。松前藩の命を受け、宗谷場所請負人となった村山伝兵衛（三代目）が建てた宗谷大神宮が前身で、現在地へ社殿を移築した明治29年（１８９６年）に北門神社と改めた。稚内を社名に使わず、北門の名を付けたことに日本最北の地の守り神としての決意が伝わってきた。

「八十段　登りきはめて　北門の　社にひらく　宗谷海なぎ」。石段の頂上に立つ歌碑は放浪の歌人として知られる並木凡

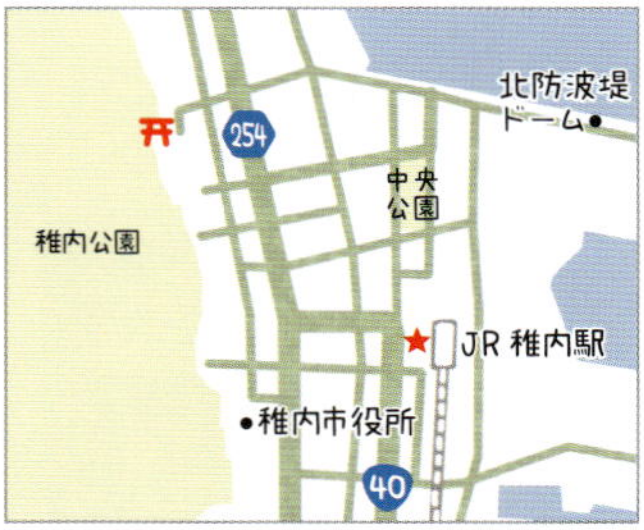

稚内市中央1丁目1-21
TEL0162-22-2944
JR稚内駅より徒歩約7分

正参道の長い階段

平が詠んだもので、境内を歩くと、同じ思いが実感できる。赤と青がアクセントの社殿は武甕槌神を祀る茨城県の鹿島神宮にならった鹿島カラーというそうで、社号額の達筆の文字も印象に残る。参拝を終え、左手に進むと、境内社の稚内稲荷神社と太平山三吉神社があり、右手の駐車場からは宗谷海峡が一望できる。

社務所は階段の下にあるが、お守りや御朱印は境内の授与所でいただける。御朱印目当ての参拝客が毎日のように訪れ、子供を抱いた吽行《うんぎょう》の狛犬にあやかった「子授御守」をいただきに来る女性もいる。参拝を終え、社殿の脇の道から稚内公園に立つ氷雪の門を目指した。

歌人並木凡平の歌碑

●御朱印

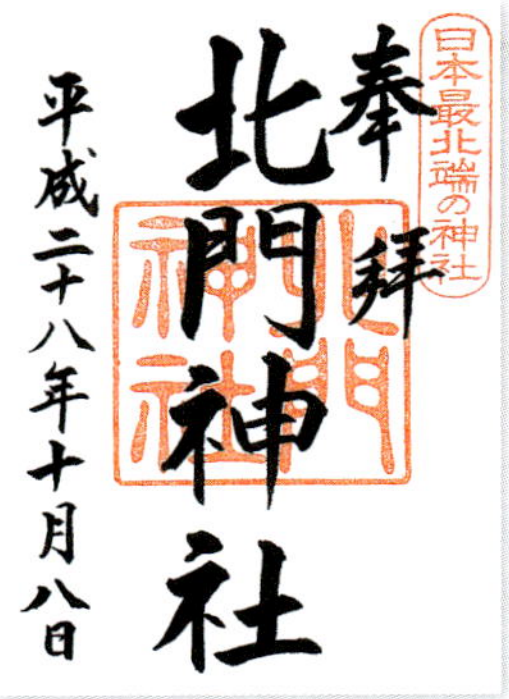

●御祭神

天照皇大神
（あまてらすすめおおかみ）

武甕槌神（たけみかづちのかみ）

事代主神（ことしろぬしのかみ）

●例祭日

7月5日

寄り道スポット　キタカラ

道の駅わっかないとJR稚内駅、バスターミナルに飲食店や土産物店などが集結する国内でも珍しい複合施設。映画館まで併設され、観光客はもちろん、市民にとっても、新しいまちの拠点としてにぎわっている。北海道遺産に指定された稚内港北防波堤ドームへも歩いて数分の距離にあり、観光案内所もあるので、稚内観光で迷ったときにも便利。

稚内市中央3丁目6-1
TEL0162-29-0277（まちづくり稚内）

増毛厳島神社

Mashike Itsukushima Jinja

芸術的な本殿の彫刻と貴重な絵馬の数々

朱色が印象的な社殿

彫刻神社と呼ばれ、真っ赤な社殿が目を引く増毛厳島神社。曲線の屋根の形状を持つ唐破風造は道内では珍しく、社殿の前に立つと、鶴の彫刻の美しさも目に留まる。ただし、これで彫刻神社だと思うのは大きな間違い。この社殿の中に納められている本殿こそが彫刻神社の真骨頂で、予約をして拝観した人だけが圧巻の彫刻芸術を目にすることができる。

一般的に神社の建物はおはらいを受けるときなどに入る拝殿と、それに続く幣《へい》殿《でん》、御祭神が祀られている本殿の3棟で構成されている。当然、長い年月を経て老朽化していくものだが、この神社では総ケヤキ造りの貴重な本殿を守るため、明治34年（1901年）の落成当時から、本殿は別の建物で覆われ、保存状態がいい。新潟県柏崎の宮大工四代目篠田宗吉が2年以上をかけて完成させた技術の結晶であり、町の指定有形文化財第1号。壁面自体が精巧な彫刻で、複雑に組まれた軒先の構造も、建築の専門家をうならせる。彫刻は77カ所にも及ぶそう

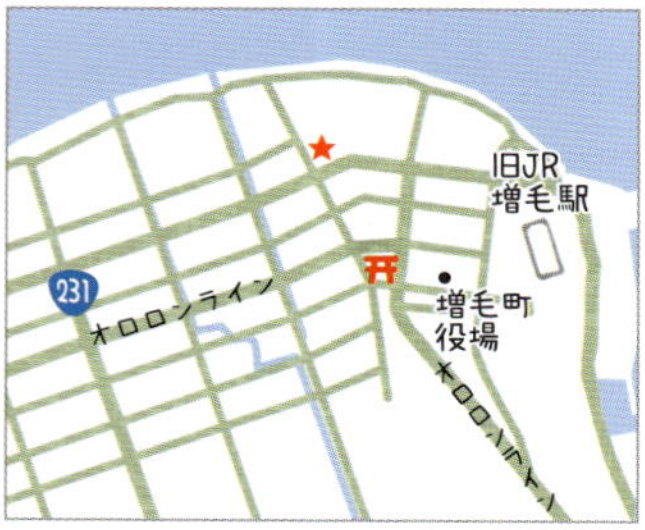

社殿内の天井画

増毛町稲葉町3丁目38
TEL0164-53-2306
旧JR増毛駅より徒歩約3分

で、言葉を失うほどの豪華さだった。

創祀は古く、宝永年間（1704～1711年）に開かれたマシケ場所請負人、初代村山伝兵衛が弁天社を建てたのが始まりとされる。拝殿には江戸時代末期から明治初期に奉納された7点の絵馬額が飾られ、天井画も見事。ガラスに描かれた絵馬は江戸で作られ、海路を運ばれて奉納されたものだそうだ。

外国人の参拝客にも意味が通じるようにと、御朱印には「MASHIKE SHRINE」のスタンプが押してある。JR増毛駅が廃止になる直前は「JR留萌本線終着駅増毛鎮座」と記したそうで、地元を愛する宮司の思いが伝わってきた。

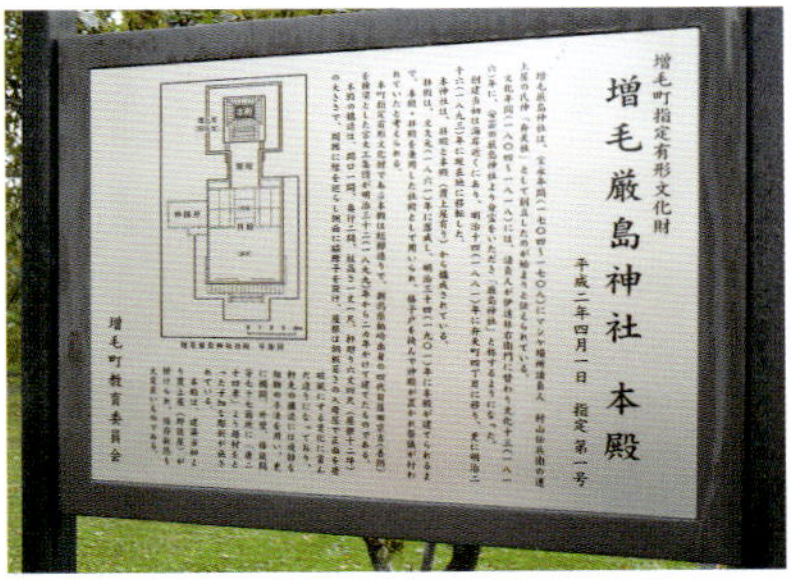

増毛町による文化財指定の看板

●御朱印

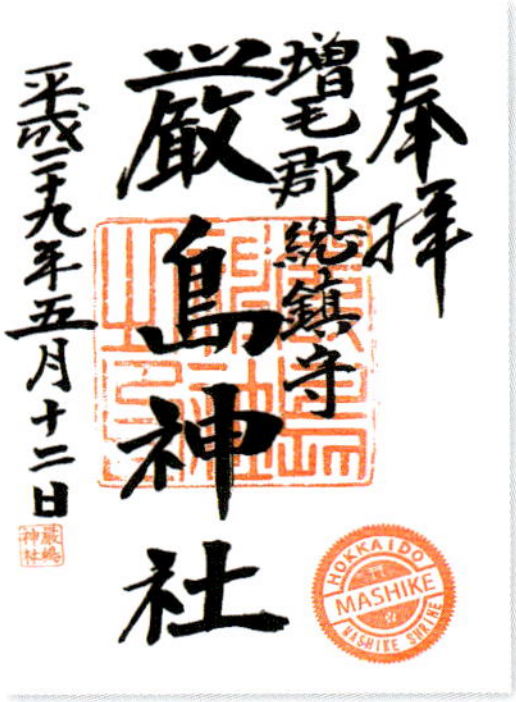

●御祭神
市杵島姫命（いちきしまひめのみこと）
保食神（うけもちのかみ）
神龍宇賀之霊神（しんりゅううがのみたまのかみ）
大己貴神（おおなむちのかみ）
小彦名神（すくなひこなのかみ）

●例祭日
7月13日

寄り道スポット 国稀《くにまれ》酒造

日本最北の酒蔵として、明治15年（1882年）の創業から130有余年の歴史を数える。増毛厳島神社から日本海に向かって歩けば5分ほど。風情あふれる建物には銘酒「国稀」が並ぶ売店や利き酒コーナー、石蔵の資料室などがあり、明治の雰囲気に触れられる。弁天町1丁目に建つ創業時の店舗は「旧商家丸一本間家」として国の重要文化財（建造物）に指定されている。

増毛町稲葉町1丁目17　TEL0164-53-1050
https://www.kunimare.co.jp/

留萌神社

Rumoi Jinja

港町の神社でいただく音楽と強運のお守り

年代を感じさせる社殿

市街地に程近い高台の住宅地。国道231号からわずかな距離だが、留萌神社の境内までは上り坂と石段が続く。北海道の環境緑地保護地区に指定されている境内にはミズナラやエゾヤマザクラ、ヤチダモなどの樹木が茂り、野鳥の声がにぎやかだった。

留萌管内には広島県の厳島神社から分霊を受けた神社が多く、留萌神社もその一社。御祭神の市岐嶋姫命は海の神様であり、技芸の神としても知られている。

一方、作曲家の森田公一など音楽家を多数輩出している留萌市では、青年会議所が中心となって音楽合宿のまちづくりを進め、その取り組みが日本青年会議所主催の平成27年度地域再興政策コンテストでグランプリを受賞。留萌神社ではその活動を応援しようと、「音楽守」の授与を始めた。チェックの柄に音符のマークがかわいらしいデザインで、芸事への御利益があるという。大小の運に恵まれるよう「ん」の字が刺しゅうされたお守りも珍しく、社務所では二つのお守りと御朱印をいただいた。

「ん」のお守りと音楽守

留萌市宮園町4丁目16
TEL0164-42-0611
JR留萌駅より徒歩約15分

●御朱印

●御祭神
市岐嶋姫命
（いちきしまひめのみこと）

●例祭日
7月17日

本書で使用した
神社用語の基礎知識

■あ行

入母屋造（いりもやづくり）　切妻造の屋根の四方にひさしの部分を延ばした建築様式

氏子（うじこ）　地域の守護神が鎮座する神社周辺に居住する人たち

絵馬（えま）　願い事を書いて、神社に納める社殿や干支《えと》などが描かれた木札

絵馬（金刀比羅神社）

延喜式（えんぎしき）　平安時代中期（10世紀）に編さんされた律令の施行細則。神社の祭祀などの記載がある

大祓（おおはらえ）　半年間の一切の災いや心身のけがれを祓い落とすため、6月30日と12月31日に行われる祭祀。6月は「夏《な》越《こし》の大祓」、12月は「年越しの大祓」と呼ばれる

■か行

神楽（かぐら）　祭祀の時などに神様にささげる歌や舞

鰹木（かつおぎ）　社殿の屋根の上に水平に置かれた丸太状の木

唐破風造（からはふづくり）　屋根の妻側に曲線の形状を持たせた建築様式

勧請（かんじょう）　離れた場所の神社から御祭神の分霊をいただくこと。お遷《うつ》しするともいう

切妻造（きりづまづくり）　本を開いて伏せたような山形の屋根を持つ建物

宮司（ぐうじ）　神社の最高責任者。神主と呼ぶこともある

境内社（けいだいしゃ）　本殿以外に境内に祀られているお社。その神社にゆかりのある神様を祀ることが多い。摂社、末社ともいう

兼務社（けんむしゃ）　神職が常駐していない地域の神社の祭祀などを一社が兼務すること、また、兼務している神社

合祀（ごうし）　神社に祀る祭神が増えること。増祀ともいう

狛犬（こまいぬ）　邪気を払い、神前守護の意味を持つ獅子形の像。雌雄一対で、口を開けた「阿形《あぎょう》」と口を閉じた「吽形《うんぎょう》」の姿が一般的

権現造（ごんげんづくり）　栃木県の日光東照宮に代表される本殿と拝殿を石の間でつないだ神社建築様式

■さ行

祭主（さいしゅ）　天皇陛下の代わりとして天照大御神に仕え、神職をまとめる伊勢の神宮のみに置かれた役職

祭神（さいじん）　神社に祀られている神様。一柱《ひとはしら》、二柱《ふたはしら》と数える

朔詣（さくもうで）　月の始まる1日にお参りすること

参道（さんどう）　参拝するための道。参道の中央は神様が通る道（正中）とされ、避けて通るのが敬意の表れとされている

紙垂（しで）　しめ縄などに付けられた四角形に折られた紙。四垂、四手とも書き、伊勢流、吉田流など、さまざまな折り方がある

しめ縄と紙垂（北海道神宮）

社格（しゃかく）　明治から昭和21年まで存在した神社の格による分類制度。官幣社、国幣社、県社、郷社、村社などに分かれていた

社号額（しゃごうがく）　社殿に取り付けられた社名が書かれた額

社号標（しゃごうひょう）　神社の入り口に置かれた社名が書かれた石や木の標識

社号標（福島大神宮）

社殿（しゃでん）　拝殿、幣殿、本殿の総称

社務所（しゃむしょ）　神社の事務を行う建物

神宮（じんぐう）　三重県に鎮座する日本人の総氏神。伊勢市の皇大神宮（内宮）、豊受大神宮（外宮）をはじめ、14の別宮と109の摂社・末社などを合わせた125社の総称

神使（しんし）　神様の使者。稲荷神社の狐や天満宮の牛などが知られている

神職（しんしょく）　神社や神事の運営に携わる人。宮司や禰宜《ねぎ》などの職階がある

神体（しんたい）　本殿の中に収められている神様のよりしろ。御霊代《みたましろ》とも呼ぶ

神木（しんぼく）　樹齢数百年を超えるような、神社にとって特別に尊い木。しめ縄が張られている場合が多いが、境内の全ての樹木は神木であるという解釈もある

神明造（しんめいづくり）　屋根が切妻造で、屋根が面に見える部分に入り口がある建築様式

神明鳥居（しんめいとりい）　上部の横木（笠木と貫）が直線の鳥居

神紋（しんもん）　神社の紋章。社紋ともいう

住吉造（すみよしづくり）　大社造と同様の造りだが、本殿内部が2室に分かれ、入り口の階段に屋根がない建築様式

神明鳥居（西岡八幡宮）

遷宮（せんぐう）　神様を別な場所に遷すこと。定められた年（式年）ごとに社殿などの造り替えが行われることを式年遷宮といい、伊勢の神宮では20年に1度、行われる

創祀（そうし）　その場所で、最初に神様を祀ること。会社でいえば、創立に当たる

■た行

大社造（たいしゃづくり）　屋根が切妻造で、屋根が三角に見える部分に入り口がある建築形式

玉垣（たまがき）　木や石で造られている社殿や境内の周りの囲い

千木（ちぎ）　社殿の屋根の両端にV字状に伸びている2本の板木

茅の輪くぐり（ちのわー）　茅《ちがや》を束ねて、輪の形にした茅の輪を3回くぐって、災いや罪を清める神事。6月30日、12月31日の大祓に行われる

茅の輪くぐり（釧路　厳島神社）

鎮座（ちんざ）　神霊が、ある場所に鎮まり、留まっていること

月次祭（つきなめさい）　1日や

15日、あるいは祭神にゆかりの日などに毎月行われる祭祀

手水舎（てみずや）参拝の前に手や口を清めるところ。「ちょうずや」とも読む

渡御（とぎょ）例祭日に神輿《みこし》に遷した神様（神体）が氏子区域を渡り歩くこと

鳥居（とりい）神域への入り口に建てられる門。鳥居が複数、設けられている場合は本殿から最も遠い鳥居から一の鳥居、二の鳥居と呼ぶ

どんど焼き（―やき）古いお札やお守り、しめ飾りなどを焼納する祭り

どんど焼き（北海道神宮）

■な行

流造（ながれづくり）神明造の屋根の中央が前方に張り出した建築様式

禰宜（ねぎ）宮司に次ぐ職階で、禰宜、権《ごん》禰宜と続く

■は行

拝殿（はいでん）通常は本殿の前にあり、祈願などをするところ

分霊（ぶんれい）神様（祭神）を他の神社に分けること

幣殿（へいでん）本殿と拝殿の間の建物。神職が祭祀を行う場所でもある

本殿（ほんでん）神様（神体）が安置されている、神社の中で最も神聖なところ。本殿は建物ではなく、山や岩である場合もある

■ま行

幔幕（まんまく）社殿などに張りめぐらされた幕。社紋が入れられ、拝殿幕、神社幕、単に幕ともいう

巫女（みこ）神職を補助する仕事を行う、主に未婚の女性

神輿（みこし）例祭のときに、神体を安置して渡御するための輿（乗り物）

明神鳥居（みょうじんとりい）上部の笠木の両端が反り返り、笠木の下にもう一本、横木（島木）を通した鳥居

明神鳥居（大森稲荷神社）

棟札（むねふだ・むなふだ）建物の建築の記録として、建物の内部の高所に取り付けた札

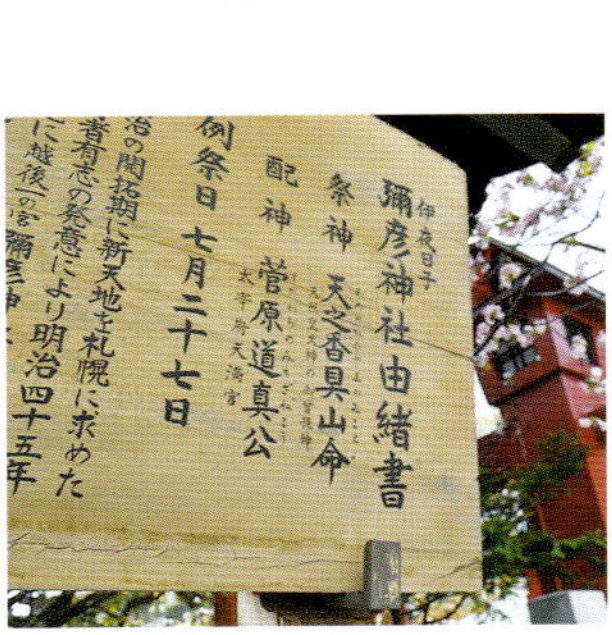

由緒書き（彌彦神社）

■や行

由緒（ゆいしょ）神社の創祀に関する由来や歴史。由緒を記したものを由緒書きという

遙拝所（ようはいじょ）遠く離れたところから神仏などを拝むために設けられた場所

■ら行

両部鳥居（りょうぶとりい）明神鳥居の柱の前後に小柱を付けた鳥居。権現鳥居ともいう。札幌では彌彦神社が代表的

例祭（れいさい）通常、年に一度行われる最も重要な祭祀。創祀日など、神社にゆかりのある日が定められている

おわりに

「北海道内の神社をめぐって、ガイドブックを出版したい」。そう思い立ったのは平成27年の秋。農業や飲食店などの取材で道内を走り回っている時に思いついた企画だった。道内には本当に神社が多い。出張先で、ふらりと立ち寄ってはみるものの、由緒書きは難しく、名前すら読めない神様もいた。「神社をきちんと理解して、分かりやすい言葉で紹介しよう」。そこから自分との戦いが始まった。目標は神社検定3級合格。テキストを買い、神社と神話の勉強を始めた。

神社の本を書くために唯一、こだわったのは全て自分の足で、一般の参拝者として神社を訪ねること。でも、それを証明することはできるだろうか。そこで以前から本州の神社やお寺を参拝するたびにいただいていた御朱印を思いついた。これなら、参拝日が証明できる。道内の神社めぐりがスタートした。

ところが、世の中には〝御朱印ブーム〟が訪れていた。スタンプラリーのように御朱印だけを目的とする参拝者に苦言を呈する神社関係者もいた。「ブームに便乗した本だと思われないだろうか」。不安を抱えながら、一社一社、お参りをし、境内を隅々まで歩いた。翌年の6月末に届いた「神社検定参級合格」の知らせが背中を押してくれた。

道内70の神社を回り、由緒書きを読んで、歴史について調べ、原稿を書くことは容易なことではなかった。一度の参拝では把握することができず、また、写真を撮る季節にも悩みながら、一社につき、最低2回、多いところは4回、5回と足を運んだ。おかげで、時間はかかってしまったが、その間、事故もなく、刊行までたどり着けたことが、何よりの御利益だと思っている。

今回、参拝をさせていただき、掲載を快諾してくださった神社の皆さまには本当に感謝しています。同時に、ご紹介できなかった神社の皆さまには申し訳ない気持ちが残ります。そして、北海道新聞社出版センターの皆さまもありがとうございました。この本を手にしてくださった方が御朱印帳を持って、道内の神社を訪ねてくれるとうれしいです。

梅村　敦子

【参考文献】

神社検定公式テキスト①『神社のいろは』、神社検定公式テキスト⑨『神話のおへそ『古語拾遺』編』ともに扶桑社

『北海道神社庁誌』北海道神社庁誌編輯委員会、北海道神社庁

『日本の神話』宝島社

『幸せを呼ぶ日本の神様』椎出版社

『ほっかいどうの狛犬』丸浦正弘著、中西出版

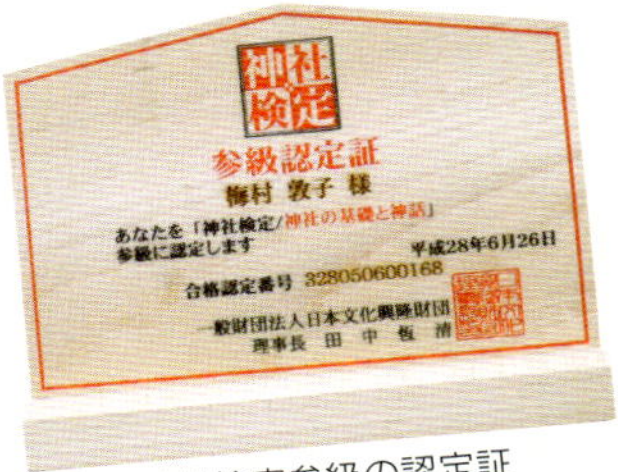

神社検定参級の認定証

文・写真　梅村 敦子（うめむら あつこ）

札幌市出身。静修短期大学（現札幌国際大学）教養学部卒。1986年から札幌市内の編集・制作プロダクションにて新聞・雑誌・各種パンフレット等の制作に携わり、2009年にフリーランスのライターとして独立。取材範囲は飲食店、農業、医療、各種企業と幅広い。著書に「北海道おいしいそばの店」（北海道新聞社刊）、「続・北海道おいしいそばの店」（同）、「さっぽろ味漫遊」（同）、「さっぽろ味の探訪101」（同）。

デザイン・装丁	株式会社 アイ・エヌ・ジー　山内 健司
マップ制作	藤沢 歌織
編集協力	上野 和奈、土倉 郁恵

※本書に掲載の情報は2017年10月末現在のものです。新型コロナウイルスの感染拡大などの影響に伴い、状況が変更になっている場合もあります。訪問する場合は事前に確認されることをおすすめします。

御朱印帳《ごしゅいんちょう》とめぐる 北海道《ほっかいどう》の神社《じんじゃ》70

発行日	2017年12月8日	初版第1刷発行
	2020年12月1日	初版第3刷発行

著　者	梅村 敦子
発行者	菅原　淳
発行所	北海道新聞社 〒060-8711 札幌市中央区大通西3丁目6 出版センター（編集）TEL 011-210-5742 （営業）TEL 011-210-5744
印刷・製本	株式会社 アイワード

落丁・乱丁本は出版センター（営業）にご連絡ください。お取り換えいたします。

ISBN978-4-89453-884-9